Korte Verhalen in het Slowaaks

Korte verhalen in Slowaaks voor beginners en gevorderden

Nela Horváth

greenthumbpublishing@gmail.com

Inhoud

Inleiding

Lezen in een vreemde taal is een van de meest effectieve manieren om uw taalvaardigheid te verbeteren en uw woordenschat uit te breiden. Toch kan het soms moeilijk zijn om boeiend leesmateriaal op een geschikt niveau te vinden dat een gevoel van prestatie en vooruitgang geeft. De meeste boeken en artikelen die voor moedertaalsprekers zijn geschreven, kunnen te lang zijn en moeilijk te begrijpen, of kunnen een woordenschat op zeer hoog niveau hebben, zodat u zich overweldigd voelt en het opgeeft. Als deze problemen bekend klinken, dan is dit boek iets voor jou!

Korte Verhalen in het Slowaaks is een verzameling van 25 onconventionele en onderhoudende korte verhalen die zijn ontworpen om beginnende tot gemiddeld niveau Slowaaks lerenden te helpen hun taalvaardigheden te verbeteren.

Deze korte verhalen creëren een ondersteunende leesomgeving door het opnemen van:

- Rijke taalkundige inhoud in verschillende genres om u te vermaken en u bloot te stellen aan een verscheidenheid van woordvormen.
- Kortere verhalen in hoofdstukken om u de voldoening te geven verhalen af te maken en snel vooruitgang te boeken.
- Teksten die op uw niveau geschreven zijn, zodat ze gemakkelijker te begrijpen zijn en niet overweldigend.
- Nederlandse vertaling op wisselende pagina's, zodat u er regel voor regel direct naar kunt verwijzen terwijl u het Slowaaks verhaal leest.
- De belangrijkste woordenschat staat vetgedrukt in

het hele verhaal en de vertaling, zodat u onbekende woorden gemakkelijker kunt begrijpen.

- Begrijpelijke vragen om uw begrip van belangrijke gebeurtenissen te testen en om u aan te moedigen meer in detail te lezen.

Dus of u nu uw woordenschat wilt uitbreiden, uw begrip wilt verbeteren of gewoon voor uw plezier wilt lezen, dit boek is de grootste stap voorwaarts die u dit jaar in uw studie zult maken. Korte Verhalen in het Slowaaks geeft u alle steun die u nodig hebt, dus leun achterover, ontspan, en laat uw fantasie de vrije loop terwijl u wordt meegevoerd naar een magische wereld van avontuur, mysterie en intrige - in het Slowaaks!

Hoe dit boek te gebruiken

Lezen is een moeilijk talent om onder de knie te krijgen. We gebruiken een reeks microvaardigheden om ons te helpen lezen in onze moedertaal. We kunnen bijvoorbeeld een passage doornemen om een globaal idee te krijgen van waar het over gaat. Of we kammen een groot aantal bladzijden van een treindienstregeling door op zoek naar een specifieke tijd of plaats. Terwijl deze microvaardigheden een tweede natuur zijn bij het lezen in onze moedertaal, blijkt uit onderzoek dat we de meeste ervan vaak vergeten bij het lezen in een vreemde taal. Wanneer we een vreemde taal leren, beginnen we gewoonlijk bij het begin van een tekst en werken we ons een weg door de tekst, waarbij we elk woord proberen te begrijpen. Onvermijdelijk komen we onbekende of ingewikkelde termen tegen en raken we geïrriteerd door ons onvermogen om ze te begrijpen.

Een van de grootste voordelen van het lezen in een vreemde taal is dat je wordt blootgesteld aan een groot aantal zinnen en uitdrukkingen die in alledaagse situaties worden gebruikt. Extensief lezen is een term die wordt gebruikt om het lezen voor plezier aan te duiden om een taal te leren. Het is niet zoals het lezen van een tekstboek, wanneer gesprekken of teksten zijn ontworpen om langzaam en zorgvuldig te worden gelezen met het doel om elk woord te begrijpen. "Intensief lezen" verwijst naar lezen dat wordt gedaan om specifieke leerdoelen te bereiken of taken te voltooien. Anders gezegd, intensief lezen in tekstboeken helpt meestal bij het leren van grammaticaregels en bepaalde woordenschat, maar extensief lezen van verhalen helpt bij het leren van natuurlijke taal.

Korte Verhalen in het Slowaaks biedt u de mogelijkheid om meer te leren over natuurlijk Slowaaks taalgebruik, ook al bent u uw taalleertocht misschien begonnen met uitsluitend tekstboeken. Hier zijn een paar tips om in gedachten te houden als u de verhalen in dit boek leest om er het meeste uit te halen: Als het op lezen aankomt, zijn plezier en een gevoel van vervulling van cruciaal belang. Je blijft terugkomen voor meer omdat je geniet van wat je aan het lezen bent. Elk verhaal van begin tot eind lezen is de beste methode om plezier te beleven aan het lezen van verhalen en je volbracht te voelen. Het belangrijkste is dan ook om het einde van een verhaal te halen. Dat is eigenlijk nog belangrijker dan elk woord te kennen.

Hoe meer je leest, hoe meer kennis je zult opdoen. U zult snel een kennis hebben van hoe Slowaaks werkt als u grotere boeken leest voor uw plezier. Bedenk echter wel dat u, om ten volle van de voordelen van extensief lezen te kunnen profiteren, eerst een voldoende omvangrijk boek moet lezen. Door hier en daar een paar bladzijden te lezen leert u misschien een paar nieuwe woorden, maar het zal geen significant verschil maken in uw algehele niveau van Slowaaks.

Accepteer dat je niet alles zult begrijpen van wat je in een roman leest. Dit is, zonder twijfel, het meest cruciale punt! Onthoud altijd dat het volkomen aanvaardbaar is dat u niet alle woorden of zinnen begrijpt. Het betekent niet dat je taalvaardigheden ontoereikend zijn of dat je slecht presteert. Het geeft aan dat u actief betrokken bent bij het leerproces.

Leesgids

Om het meeste uit het lezen van Korte Verhalen in het Slowaaks te halen, kunt u het beste dit eenvoudige leesproces in zes stappen volgen voor elk hoofdstuk van de verhalen:

1. Lees de titel van het hoofdstuk. Denk na over waar het verhaal over zou kunnen gaan. Lees dan het verhaal helemaal door. Uw doel is gewoon het einde van het verhaal te bereiken. Stop daarom niet om woorden op te zoeken en maak u geen zorgen als er dingen zijn die u niet begrijpt. Probeer gewoon de plot te volgen.

2. Wanneer u het einde van het verhaal hebt bereikt, scant u de Nederlandse vertaling om te zien of u hebt begrepen wat er is gebeurd en pikt u alle context op die u misschien hebt gemist.

3. Ga terug en lees hetzelfde verhaal opnieuw. Als u wilt, kunt u zich meer op de details van het verhaal concentreren, maar anders leest u het gewoon nog een keer door.

4. Werk vervolgens door de begripsvragen in Slowaaks om te controleren of u de belangrijkste gebeurtenissen in het verhaal begrijpt. Als u de vragen niet helemaal begrijpt, hoeft u zich geen zorgen te maken. Gebruik uw kennis om zo goed mogelijk te antwoorden.

5. Op dit punt moet u de belangrijkste gebeurtenissen van het hoofdstuk enigszins begrijpen. Als dat niet het geval is, kunt u het hoofdstuk een paar keer herlezen, waarbij u de vertaling gebruikt om onbekende woorden en zinnen te controleren, totdat u zich zeker voelt.

Zodra u klaar bent en zeker weet dat u begrijpt wat er is gebeurd - of dat nu na één lezing van het verhaal is of na meerdere - gaat u verder met het volgende verhaal en geniet u verder van het verhaal in uw eigen tempo, net zoals u van elk ander boek zou genieten.

Pas als u een verhaal in zijn geheel hebt uitgelezen, moet u overwegen terug te gaan en de verhaaltaal desgewenst verder uit te diepen. Of in plaats van u zorgen te maken of u alles begrijpt, de tijd te nemen om u te concentreren op alles wat u hebt begrepen en uzelf te feliciteren met alles wat u hebt gedaan.

Korte
Verhalen
in het Slowaaks

Nela Horváth

Bratislava

Bratislava je nádherné mesto. Nachádza sa v **srdci** Európy a má bohatú históriu. Ľudia, ktorí tu žijú, sú priateľskí a pohostinní. V tomto meste je veľa vecí, ktoré sa dajú vidieť a robiť. Môžete navštíviť **hrad, prejsť sa** loďou alebo preskúmať staré mesto. V Bratislave si každý nájde niečo pre seba. Do Bratislavy som prišiel v slnečný májový deň. Bol som nadšený, že môžem preskúmať toto nové mesto a spoznať jeho **kultúru** a históriu. Svoju cestu som začal návštevou hradu, z ktorého je výhľad na Dunaj.

Výhľad odtiaľto bol neuveriteľný! Potom som sa prechádzal po starom meste, obdivoval architektúru a cestou sa zastavoval v kaviarňach. Večer som sa previezla loďou po Dunaji - bolo to také **pokojné** pozorovať všetky tie svetlá, ktoré sa mihotali na vode, keď sme okolo nich plávali. Nakoniec som si pred návratom do hotela na noc vychutnal tradičné slovenské jedlo v reštaurácii neďaleko hotela. Bolo to vynikajúce! Na druhý deň som sa zobudil skoro a **prechádzal som sa** po meste. Navštívil som niekoľko múzeí a dozvedel sa o **histórii** Bratislavy.

Popoludní som sa vydal na pešiu prehliadku mesta. **Sprievodca** nám ukázal všetky dôležité pamiatky a rozprával nám o nich príbehy. Dokonca sme sa dostali

Bratislava

De stad Bratislava is een prachtige plaats. Het ligt in het **hart** van Europa en heeft een rijke geschiedenis. De mensen die hier wonen zijn vriendelijk en gastvrij. Er zijn veel dingen te zien en te doen in deze stad. U kunt het **kasteel** bezoeken, een boottocht maken, of de oude stad verkennen. Er is voor elk wat wils in Bratislava. Ik kwam in Bratislava aan op een zonnige dag in mei. Ik was opgewonden om deze nieuwe stad te verkennen en over haar **cultuur** en geschiedenis te leren. Ik begon mijn reis met een bezoek aan het kasteel, dat uitkijkt over de **rivier** de Donau.

Het uitzicht van daarboven was ongelooflijk! Daarna heb ik door de oude stad gewandeld, de architectuur bewonderd en onderweg bij cafés gestopt. s Avonds maakte ik een boottochtje op de rivier de Donau - het was zo **vredig** om alle lichtjes in het water te zien fonkelen terwijl we er langs voeren. Tot slot, voordat ik terugging naar mijn hotel voor de nacht, genoot ik van wat traditioneel Slowaaks eten in een restaurant in de buurt van mijn hotel. Het was heerlijk! De volgende dag stond ik vroeg op en **wandelde ik** door de stad. Ik bezocht enkele musea en leerde over de **geschiedenis** van Bratislava.

In de namiddag maakte ik een wandeling door de stad.

aj do jedného z kostolov! Po prehliadke som si dal niečo na **jedenie a** potom som nakupoval na jednom z trhov v meste. Kúpil som si nejaké suveníry pre svoju rodinu doma. Posledný deň v Bratislave som sa rozhodla **odpočívať** v hoteli a vychutnávať si výhľad na mesto z mojej izby. Večer som si vyšiel na večeru s novými priateľmi, ktorých som si našiel počas môjho pobytu tu . Pri **večeri** a drinkoch sme sa výborne porozprávali a smiali sme sa až do neskorej noci. Bolo smutné rozlúčiť sa, ale viem, že sa čoskoro vrátim.

De **gids** liet ons alle belangrijke bezienswaardigheden zien en vertelde er verhalen over. We mochten zelfs een van de kerken binnen! Na de rondleiding heb ik een hapje **gegeten** en daarna heb ik wat gewinkeld op een van de markten in de stad. Ik heb wat souvenirs gekocht voor mijn familie thuis. Op mijn laatste dag in Bratislava, besloot ik **te relaxen** in mijn hotel en te genieten van het uitzicht op de stad vanuit mijn kamer. s Avonds ging ik uit eten met nieuwe vrienden die ik tijdens mijn verblijf hier had gemaakt. We hadden zo'n geweldige tijd tijdens **het eten** en drinken, en we lachten tot diep in de nacht. Het was triest om afscheid te nemen, maar ik weet dat ik snel genoeg terug zal komen.

Otázky na porozumenie

1. V ktorom meste sa nachádza Bratislava?

2. Čo môžete robiť v Bratislave?

3. Čo robil autor v prvý deň v Bratislave?

4. Čo robil autor druhý deň v Bratislave?

5. Čo robil autor posledný deň v Bratislave?

6. Čo sa autorovi najviac páčilo na ich výlete?

7. Čo si autor kúpil na trhu?

8. S kým večeral autor posledný večer?

9. Aké bolo počasie, keď autor prišiel do Bratislavy?

10. Aké jedlo jedol autor počas pobytu v Bratislave?

Begrip vragen

1. Waar ligt de stad Bratislava?

2. Wat kun je doen in Bratislava?

3. Wat deed de auteur op hun eerste dag in Bratislava?

4. Wat deed de auteur op hun tweede dag in Bratislava?

5. Wat deed de auteur op hun laatste dag in Bratislava?

6. Wat was het favoriete deel van de auteur van hun reis?

7. Wat heeft de schrijver op de markt gekocht?

8. Met wie heeft de auteur gegeten op hun laatste avond?

9. Hoe was het weer toen de schrijver in Bratislava aankwam?

10. Welk soort voedsel heeft de auteur gegeten toen hij in Bratislava was?

Hrad Devín

Keď som prvýkrát uvidela Devina Castlea, bola to **láska na** prvý pohľad. V tom, ako slnko dopadalo na kamenné múry, bolo niečo, čo spôsobovalo, že vyzerali, akoby žiarili. Vtedy som vedel, že ho musím vidieť zblízka. A tak som sa o niekoľko týždňov neskôr vybrala na jednodňový výlet z Prahy, aby som navštívila hrad Devín. Hneď ako som prešiel **bránou,** mal som pocit, že som sa preniesol v čase. Hrad je tak dobre zachovaný a je okolo neho toľko histórie. Niet divu, prečo ľudia hovoria, že toto miesto je magické. Strávil som hodiny skúmaním každého centimetra hradného areálu a dozvedel som sa všetko o jeho **fascinujúcej** minulosti. A hoci bol preplnený turistami, keď som stál pred hradom Devín, na chvíľu som mal pocit, že som jediný človek na svete.

Druhýkrát som Devina Castlea videl v hmlistom novembrovom ráne. **Hrad** vyzeral úplne inak ako v lete, ale bol rovnako krásny. Na tom, ako hmla obklopovala hrad, bolo niečo, čo ho ešte viac pripomínalo ako z **rozprávky**. Chvíľu som sa prechádzala po areáli, vnímala všetko a nechala som sa unášať svojou predstavivosťou. Mala som pocit, že takmer vidím **duchov** stredovekých rytierov, ako sa preháňajú na svojich koňoch cez hmlu. A na chvíľu som prisahala, že

Kasteel Devín

De eerste keer dat ik Devin Castle zag, was het **liefde** op het eerste gezicht. Er was iets met de manier waarop de zon op de stenen muren scheen, waardoor het leek alsof ze gloeiden. Ik wist toen dat ik het van dichtbij moest zien. Dus een paar weken later maakte ik een dagtrip vanuit Praag om kasteel Devin te bezoeken. Zodra ik door de **poorten** liep, had ik het gevoel dat ik terug in de tijd was getransporteerd. Het kasteel is zo goed bewaard gebleven en er hangt zo veel geschiedenis omheen. Het is geen wonder waarom mensen zeggen dat deze plek magisch is. Ik heb uren doorgebracht met het verkennen van elke centimeter van het kasteelterrein en alles geleerd over het **fascinerende** verleden ervan. En ook al was het druk met toeristen, toch had ik even het gevoel dat ik de enige persoon op de wereld was toen ik voor kasteel Devin stond.

De tweede keer dat ik kasteel Devin zag, was op een mistige ochtend in november. Het **kasteel** zag er heel anders uit dan in de zomer, maar het was net zo mooi. Er was iets aan de manier waarop de mist het kasteel omringde, waardoor het nog meer op een **sprookje leek**. Ik liep een tijdje rond op het terrein, nam alles in me op en liet mijn verbeelding de vrije loop. Het voelde

som počula, ako z jednej z **veží** niekto hrá na lutnu.

Tretíkrát som Devina Castlea videl minulý týždeň počas snehovej búrky. Celé miesto vyzeralo ako zo zimnej krajiny zázrakov. Hoci technicky nebol otvorený pre návštevníkov, neodolal som a preliezol plot, aby som sa dostal bližšie. Hneď ako som vstúpil na pozemok, cítil som sa ako v **úplne** inom svete. Ťažko sa to vysvetľuje, ale na tomto mieste je jednoducho niečo, čo vám dáva pocit, že všetko je možné. Neviem kedy ani ako, ale hrad Devin sa nejako stal mojou súčasťou. Akoby tam bol odjakživa a čakal, kým ho nájdem. A teraz, keď sa mi to podarilo, **si** bez neho neviem **predstaviť** svoj život. Zakaždým, keď vidím hrad, mám pocit, že sa vraciam domov. Hoci som ho prvýkrát navštívila len pred niekoľkými mesiacmi, hrad Devín sa už stal jedným z mojich **najcennejších** miest na svete.

alsof ik bijna de **geesten** van middeleeuwse ridders op hun paarden door de mist kon zien rijden. En heel even zweerde ik dat ik iemand op een luit hoorde spelen vanuit een van de **torens**.

De derde keer dat ik Devin Castle zag was vorige week tijdens een sneeuwstorm. De hele plek zag eruit als **iets** uit een winter wonderland. Hoewel het technisch gezien niet open was voor bezoekers, kon ik het niet laten om over het hek te klimmen en dichterbij te komen. Zodra ik het terrein betrad, voelde ik me alsof ik in een **heel** andere wereld was **beland**. Het is moeilijk uit te leggen, maar er is gewoon iets met deze plek dat je het gevoel geeft dat alles mogelijk is. Ik weet niet wanneer of hoe, maar op de een of andere manier is Devin Castle een deel van mij geworden. Het is alsof het er altijd al geweest is, wachtend tot ik het zou vinden. En nu ik het gevonden heb, kan ik **me** mijn leven zonder kasteel niet voorstellen. Elke keer als ik het kasteel zie, voelt het als thuiskomen. Ook al ben ik er pas een paar maanden geleden voor het eerst geweest, kasteel Devin is nu al een van mijn **dierbaarste** plekken ter wereld.

Otázky na porozumenie

1. Aký je autorov prvý dojem z Devina Castlea?

2. Čo hovorí autor o vzhľade hradu v rôznych ročných obdobiach?

3. Čo cíti autorka, keď navštívi hrad Devin?

4. Aké je autorovo obľúbené ročné obdobie na návštevu hradu Devín?

5. Čo hovorí autor o histórii hradu?

6. Čo hovorí autor o areáli hradu?

7. Čo hovorí autor o hradných vežiach?

8. Čo hovorí autor o návštevníkoch hradu?

9. Čo si autor myslí o Devinovi Castleovi?

10. Čo hovorí autorka o svojich návštevách na hrade Devin?

Begrip vragen

1. Wat is de eerste indruk van de auteur van Devin Castle?

2. Wat zegt de auteur over het uiterlijk van het kasteel in de verschillende seizoenen?

3. Wat voelt de auteur als ze Devin Castle bezoekt?

4. Wat is de favoriete tijd van het jaar van de auteur om kasteel Devin te bezoeken?

5. Wat zegt de auteur over de geschiedenis van het kasteel?

6. Wat zegt de auteur over het terrein van het kasteel?

7. Wat zegt de auteur over de torens van het kasteel?

8. Wat zegt de auteur over de bezoekers van het kasteel?

9. Hoe denkt de auteur over Devin Castle?

10. Wat zegt de auteur over haar bezoeken aan Devin Castle?

Schnitzel

Schnitzel bol veselý malý knírač, ktorý nemal nič radšej ako hranie sa so svojimi hračkami a naháňanie **veveričiek** v parku. Jedného dňa, keď bol Schnitzel na prechádzke so svojím majiteľom, zbadal na zemi ležať chutne vyzerajúcu klobásu. Bez ďalšieho premýšľania Schnitzel zhltol **klobásu na** jedno sústo. Netušil, že to bude začiatok veľmi rušného dňa. Po zjedení klobásy sa šnicel začal cítiť zvláštne. Začalo mu škvŕkať v žalúdku a pocítil nekontrolovateľnú potrebu behať dookola. Šprintoval kolá okolo bloku, až napokon od **vyčerpania** skolaboval. Keď sa mu jeho majiteľ pokúsil dať trochu vody, Schnitzel odmietol a opäť utiekol do **parku.**

Nevedel to vysvetliť, ale niečo v ňom **sa** muselo **hýbať**. Ako Schnitzel pokračoval v behu, začal sa cítiť ešte zvláštnejšie. Videl rozmazane a všade okolo seba počul zvláštne **hlasy.** Zdalo sa mu, že vidí obrovskú vevericu, ktorá ho prenasleduje, a tak bežal ešte rýchlejšie. Zrazu všetko sčernelo a Schnitzel stratil vedomie. Keď sa Schnitzel prebral, zistil, že sa nachádza v **žiarivo** bielej miestnosti. Bol obklopený ľuďmi v laboratórnych plášťoch, ktorí doňho pichali a pichali ho zvláštnymi **nástrojmi**. Ako ho skúmali, mrmlali slová ako "toxický" a "otrávený". Schnitzel nevedel, čo sa deje, ale vedel,

Schnitzel

Schnitzel was een vrolijke kleine schnauzer die niets liever deed dan spelen met zijn speelgoed en achter **eekhoorns aanzitten** in het park. Op een dag, toen Schnitzel aan het wandelen was met zijn baasje, zag hij een heerlijk uitziend worstje op de grond liggen. Zonder verder na te denken, schrokte Schnitzel de **worst** in één hap naar binnen. Hij wist niet dat dit het begin zou zijn van een zeer bewogen dag. Na het eten van de worst, begon Schnitzel zich vreemd te voelen. Zijn maag begon te knorren, en hij voelde een onbedwingbare drang om rond te rennen. Hij sprintte rondjes om het blok tot hij uiteindelijk van **uitputting** in elkaar zakte. Toen zijn baasje hem wat water wilde geven, weigerde Schnitzel dat en rende het **park** weer in.

Hij kon het niet verklaren, maar iets in hem moest gewoon **in beweging blijven**. Terwijl Schnitzel bleef rondrennen, begon hij zich nog vreemder te voelen. Zijn zicht werd wazig en hij hoorde vreemde **stemmen** om hem heen. Hij dacht dat hij een reusachtige eekhoorn zag die hem achtervolgde, dus rende hij nog sneller. Plotseling werd alles zwart en Schnitzel viel flauw. Toen Schnitzel wakker werd, bevond hij zich in een **helder** witte kamer. Hij was omringd door

že niečo nie je v poriadku.

Vzápätí Schnitzelovi **pichli injekciu s nejakým** protijedom a odviezli ho do sanitky. Odviezli ho do zvieracej **nemocnice,** kde sa niekoľko nasledujúcich dní zotavoval zo svojho utrpenia. Našťastie, vďaka rýchlemu mysleniu lekárov a sestier **sa** Schnitzel úplne **zotavil - hoci** jeho majiteľ nikdy nezabudne, ako blízko bol k strate svojho **milovaného** domáceho maznáčika. V súčasnosti si Schnitzel dáva oveľa väčší pozor na to, čo zje, keď je na prechádzke. Vie, že sú veci, ktoré sú príliš dobré na to, aby im odolal, ale niekedy je lepšie byť v bezpečí, ako ľutovať!

mensen in laboratoriumjassen die hem met vreemde **instrumenten** aan het porren en prikken waren. Terwijl ze hem onderzochten, mompelden ze woorden als "giftig" en "vergiftigd". Schnitzel wist niet wat er aan de hand was, maar hij wist dat er iets niet in orde was.

Het volgende wat Schnitzel wist, was dat hij werd **geïnjecteerd** met een soort tegengif en met spoed in een ambulance werd gebracht. Hij werd afgevoerd naar het **dierenziekenhuis**, waar hij de volgende paar dagen herstelde van zijn beproeving. Gelukkig, dankzij het snelle denken van de artsen en verpleegkundigen, Schnitzel maakte een volledig **herstel - hoewel** zijn eigenaar nooit laten vergeten hoe dicht hij kwam op het verliezen van zijn **geliefde** huisdier. Tegenwoordig is Schnitzel een stuk voorzichtiger met wat hij eet als hij aan het wandelen is. Hij weet dat er dingen zijn die te lekker zijn om te weerstaan, maar soms is het beter om het zekere voor het onzekere te nemen!

Otázky na porozumenie

1. Čo jedol Schnitzel, že mal taký rušný deň?

2. Ako sa cítil Schnitzel po zjedení klobásy?

3. Prečo Schnitzel pokračoval v behu aj potom, čo sa cítil vyčerpaný?

4. Čo videl Schnitzel pred tým, ako odpadol?

5. Ako bol Schnitzel zachránený?

6. Čo sa Schnitzel naučil zo svojej skúsenosti?

7. Čo znamená slovo "toxický"?

8. Čo znamená slovo "protilátka"?

9. Čo je to knírač?

10. Čo je veverička?

Begrip vragen

1. Wat heeft Schnitzel gegeten waardoor hij zo'n bewogen dag had?

2. Hoe voelde Schnitzel zich nadat hij de worst had gegeten?

3. Waarom bleef Schnitzel rondrennen, zelfs toen hij zich uitgeput voelde?

4. Wat zag Schnitzel voordat hij flauwviel?

5. Hoe werd Schnitzel gered?

6. Wat heeft Schnitzel van zijn ervaring geleerd?

7. Wat betekent het woord "giftig"?

8. Wat betekent het woord "tegengif"?

9. Wat is een schnauzer?

10. Wat is een eekhoorn?

Jaskyne Slovenského krasu

Jaskyne Slovenského krasu sú sieťou viac ako 12 000 jaskýň, ktoré sa nachádzajú na území Slovenskej republiky. Patria k **najväčším** a najzložitejším jaskynným systémom v Európe a už po stáročia sú vyhľadávaným cieľom turistov. Jedného letného dňa skupina turistov skúmala jednu z jaskýň, keď narazila na zvláštneho tvora, ktorý číhal v tieni. Tvor bol malý a chlpatý s veľkými očami a zdalo sa, že ich pozorne sleduje. Turisti sa **ho** zľakli, ale rýchlo si uvedomili, že nepredstavuje žiadnu hrozbu. Začali si ho fotografovať a čoskoro sa o záhadnom jaskynnom tvorovi začalo hovoriť. Tvor sa rýchlo stal senzáciou na sociálnych sieťach a ľudia sa o ňom chceli dozvedieť viac. Do jaskyne bol **vyslaný** tím vedcov, aby tvora preskúmal a pokúsil sa zistiť, čo je zač.

Po týždňoch výskumu sa vedcom stále nedarilo **identifikovať** tvora. Zistili však, že je nočný a vychádza len v noci. To ešte viac sťažilo jeho štúdium. Keďže záujem o tvora stále rástol, skupina dobrodruhov sa rozhodla, že sa do jaskyne vydá sama a **pokúsi sa** ho chytiť. Boli vyzbrojení uspávacími šípkami a sieťovými zbraňami, ale čoskoro zistili, že chytiť tvora nebude

Slowaakse Karst Grotten

De Slowaakse Karstgrotten zijn een netwerk van meer dan 12.000 grotten in de Slowaakse Republiek. Het zijn enkele van de **grootste** en meest complexe grottenstelsels in Europa, en zijn al eeuwenlang een populaire toeristische bestemming. Op een zomerdag was een groep toeristen een van de grotten aan het verkennen toen ze een vreemd wezen tegenkwamen dat zich in de schaduwen verschool. Het schepsel was klein en harig met grote ogen, en het leek hen aandachtig in de gaten te houden. De toeristen schrokken van het **schepsel**, maar beseften al snel dat het geen bedreiging vormde. Ze begonnen er foto's van te maken, en al snel werd bekendheid gegeven aan het mysterieuze grotwezen. Het wezen werd al snel een sensatie op de sociale media, en mensen wilden er graag meer over te weten komen. Een team van wetenschappers werd naar de grot **gestuurd** om het wezen te bestuderen en te proberen te bepalen wat het was.

Na weken van onderzoek, konden de wetenschappers het schepsel nog steeds niet **identificeren**. Ze ontdekten echter wel dat het een nachtdier was

ľahké. Bol neuveriteľne **rýchly** a pohyblivý, takže sa k nemu nemohli priblížiť natoľko, aby ho mohli zastreliť. Po niekoľkých neúspešných pokusoch sa dobrodruhom nakoniec podarilo tvora chytiť. Vzali ho späť do svojho laboratória na ďalšie **štúdium**. Tam konečne zistili, čo to bolo za stvorenie: nový druh netopiera, ktorého nikdy predtým nevideli. Netopier dostal meno a čoskoro sa stal známym ako jaskynný netopier Slovenského krasu.

Objav jaskynného netopiera Slovenského krasu bol významným vedeckým **objavom**. Bol to prvý nový druh netopiera objavený po viac ako 100 rokoch. Jaskyňa, v ktorej bol nájdený, sa rýchlo stala **obľúbeným turistickým** cieľom a ľudia z celého sveta prichádzali, aby videli tohto nepolapiteľného tvora. Jaskynný netopier zo Slovenského krasu sa rýchlo stal svetovou senzáciou.

dat alleen 's nachts tevoorschijn kwam. Dit maakte het bestuderen ervan nog moeilijker. Toen de belangstelling voor het wezen bleef groeien, besloot een groep avonturiers om zelf de grot in te gaan in een **poging** om het te vangen. Ze waren gewapend met verdovingspijltjes en netpistolen, maar ze kwamen er al snel achter dat het niet gemakkelijk zou zijn om het wezen te vangen. Het was ongelooflijk **snel** en behendig, waardoor het voor hen onmogelijk was dicht genoeg te komen om het neer te schieten. Na verschillende mislukte pogingen, slaagden de avonturiers er eindelijk in het schepsel te vangen. Ze namen het mee naar hun lab voor verdere **studie**. Daar ontdekten ze eindelijk wat het wezen was: een nieuwe vleermuissoort die nog nooit eerder was gezien. De vleermuis kreeg een naam en werd al snel bekend als de Slowaakse Karstgrotvleermuis.

De ontdekking van de Slowaakse Karstgrotvleermuis was een belangrijke wetenschappelijke **doorbraak**. Het was de eerste nieuwe vleermuissoort die in meer dan 100 jaar werd ontdekt. De grot waar hij werd gevonden werd al snel een **populaire** toeristische bestemming, en mensen kwamen van over de hele wereld om het ongrijpbare dier te zien. De Slowaakse Karstgrotvleermuis werd al snel een wereldwijde sensatie.

Otázky na porozumenie

1. Čo sú jaskyne Slovenského krasu?

2. Koľko jaskýň je v Slovenskom krase?

3. Čo našli turisti v jaskyni?

4. Čo vedci zistili o tomto tvorovi?

5. Ako bolo toto stvorenie nakoniec identifikované?

6. Ako ovplyvnil objav tohto tvora cestovný ruch v oblasti?

7. Ako ľudia reagovali na objavenie tohto tvora?

8. Čo viedlo tím vedcov k tomu, aby skúmali biotop tohto tvora?

9. Čo zistili vedci o jaskyni, v ktorej žil tento tvor?

10. Aký význam má objav jaskynného netopiera v Slovenskom krase?

Begrip vragen

1. Wat zijn de Slowaakse Karstgrotten?

2. Hoeveel grotten zijn er in de Slowaakse Karstgrotten?

3. Wat hebben de toeristen in de grot gevonden?

4. Wat hebben de wetenschappers ontdekt over het schepsel?

5. Wat werd het schepsel uiteindelijk geïdentificeerd?

6. Hoe heeft de ontdekking van het schepsel het toerisme in de streek beïnvloed?

7. Hoe reageerden de mensen op de ontdekking van het schepsel?

8. Wat was de motivatie van het team van wetenschappers om de habitat van het schepsel te bestuderen?

9. Wat hebben de wetenschappers ontdekt over de grot waar het schepsel leefde?

10. Wat is de betekenis van de ontdekking van de Slowaakse Karstgrotvleermuis?

Peter Sagan

Peter Sagan sa narodil, aby jazdil na **bicykli**. Pretekať začal ešte ako malý chlapec a rýchlo sa stal jedným z najúspešnejších cyklistov na svete. Jeho prirodzené schopnosti a tvrdá práca z neho urobili jedného z **najuznávanejších** jazdcov v histórii, ktorý má na konte viacero víťazstiev na majstrovstvách sveta a Tour de France. Peter to však nemal vždy ľahké. V roku 2016 sa stal účastníkom nehody, po ktorej utrpel **vážne** zranenia. Mnohí ľudia si mysleli, že jeho kariéra sa môže skončiť, ale Peter im dokázal, že sa mýlili, keď sa vrátil silnejší ako kedykoľvek predtým. V súčasnosti je Peter stále považovaný za jedného z najlepších cyklistov na svete. Naďalej vyhráva **preteky** a inšpiruje ostatných svojou vášňou pre cyklistiku. Bol to **krásny** deň na jazdu.

Slnko svietilo a fúkal vietor, ideálne podmienky na bicyklovanie. Peter Sagan sa vydal na bicykel a túžil najazdiť nejaké kilometre. Počas jazdy premýšľal o všetkých úspechoch, ktoré dosiahol vo svojej kariére. Vyhral **viacero** majstrovstiev sveta a etáp Tour de France, ale zažil aj ťažké chvíle. V roku 2016 sa stal účastníkom nehody, po ktorej utrpel **vážne** zranenia. Mnohí ľudia si mysleli, že jeho kariéra sa môže skončiť, ale Peter im dokázal, že sa mýlili, keď sa vrátil silnejší

Peter Sagan

Peter Sagan is geboren om te **fietsen**. Hij begon met wielrennen toen hij nog een kleine jongen was en werd al snel een van de meest succesvolle wielrenners ter wereld. Zijn natuurlijke aanleg en harde werk hebben hem tot een van de meest **gedecoreerde** renners uit de geschiedenis gemaakt, met meerdere wereldkampioenschappen en Tour de France-overwinningen op zijn palmares. Maar het is niet altijd makkelijk geweest voor Peter. In 2016 was hij betrokken bij een valpartij waar hij **ernstige** verwondingen aan overhield. Veel mensen dachten dat zijn carrière wel eens voorbij zou kunnen zijn, maar Peter bewees hun ongelijk door sterker terug te komen dan ooit tevoren. Tegenwoordig wordt Peter nog steeds beschouwd als een van de beste wielrenners ter wereld. Hij blijft **wedstrijden** winnen en anderen inspireren met zijn passie voor de wielersport. Het was een **mooie** dag voor een ritje.

De zon scheen en er waaide een briesje, perfecte omstandigheden om te fietsen. Peter Sagan stapte op zijn fiets, erop gebrand om wat kilometers te maken. Terwijl hij fietste, dacht hij aan al het succes dat hij in zijn carrière had gehad. Hij had **meerdere** wereldkampioenschappen en etappes in de Tour

ako kedykoľvek predtým. Peter Sagan nemiluje nič viac ako byť na bicykli a cítiť vietor, ktorý mu vŕzga vo vlasoch. Je to niečo, čo mu prináša radosť a **pokoj,** najmä po všetkom, čím **si v** posledných rokoch **prešiel.**

V roku 2016 sa Peter počas Tour de France stal účastníkom hrozivej nehody, pri ktorej utrpel vážne zranenia vrátane **zlomenín** kostí a vnútorného krvácania. Niektorí ľudia si mysleli, že to bude koniec jeho pretekárskej **kariéry,** ale mýlili sa. Po mesiacoch rehabilitácie sa Peter neuveriteľne vrátil a vyhral viacero pretekov vrátane dvoch etáp na minuloročnej Tour de France. Nielenže všetkým dokázal, že sa mýlili, ale inšpiroval aj ďalších jazdcov, ktorí si možno prešli podobnými ťažkými skúškami. Bez ohľadu na to, čo mu **život** pripraví, Peter bude vždy šliapať do pedálov.

de France gewonnen, maar er waren ook moeilijke tijden geweest. In 2016 was hij betrokken geweest bij een valpartij waarbij hij **ernstige** verwondingen had opgelopen. Veel mensen dachten dat zijn carrière voorbij zou zijn, maar Peter bewees hun ongelijk door sterker terug te komen dan ooit tevoren. Peter Sagan doet niets liever dan op zijn fiets zitten en de wind door zijn haren voelen strijken. Het is iets dat hem vreugde en **rust** brengt, zeker na alles wat hij de laatste jaren heeft meegemaakt.

In 2016 was Peter betrokken bij een gruwelijke crash tijdens de Tour de France, waar hij ernstige verwondingen aan overhield, waaronder **gebroken** botten en inwendige bloedingen. Sommige mensen dachten dat dit het einde van zijn **racecarrière** zou betekenen, maar ze hadden het mis . Na maanden van revalidatie maakte Peter een ongelooflijke comeback en won hij meerdere wedstrijden, waaronder twee etappes in de Tour de France van vorig jaar. Hij bewees niet alleen dat iedereen ongelijk had, hij inspireerde ook andere renners die een soortgelijke beproeving hebben doorstaan. Wat **het leven** hem ook voor de voeten werpt, Peter zal altijd voorwaarts blijven trappen.

Otázky na porozumenie

1. Aké sú niektoré z úspechov Petra Sagana?

2. Čo sa stalo s Petrom Saganom v roku 2016?

3. Ako reagoval Peter Sagan na svoje zranenia v roku 2016?

4. Čo si myslia priatelia a rodina Petra Sagana o jeho vášni pre cyklistiku?

5. Čo motivuje Petra Sagana, aby pokračoval v cyklistike?

6. Čo miluje Peter Sagan na cyklistike?

7. Čo je na práci profesionálneho cyklistu najťažšie?

8. Aká je obľúbená cyklistická trasa Petra Sagana?

9. Na akom bicykli jazdí Peter Sagan?

10. Aké sú ciele Petra Sagana do budúcnosti?

Begrip vragen

1. Wat zijn enkele van Peter Sagan's verwezenlijkingen?

2. Wat gebeurde er met Peter Sagan in 2016?

3. Hoe reageerde Peter Sagan op zijn blessures in 2016?

4. Wat vinden de vrienden en familie van Peter Sagan van zijn passie voor de wielersport?

5. Wat motiveert Peter Sagan om te blijven fietsen?

6. Waar houdt Peter Sagan van in het wielrennen?

7. Wat is een van de moeilijkste dingen aan professioneel wielrenner zijn?

8. Wat is de favoriete fietsroute van Peter Sagan?

9. Op wat voor fiets rijdt Peter Sagan?

10. Wat zijn de doelen van Peter Sagan voor de toekomst?

Gulášová polievka

Na Slovensku bol chladný zimný deň a na jedálnom lístku bola gulášová polievka. Hustá, výdatná polievka z hovädzieho mäsa, **zemiakov,** mrkvy a cibule bola presne to, čo všetci potrebovali na zahriatie. Keď sa rodina zhromaždila okolo stola, cítili lahodnú vôňu guláša, ktorý sa varil v hrnci. Všetci si dychtivo naplnili **misky** horúcou polievkou a nabrali si prvé lyžice. Chuť im explodovala v ústach; bola ešte lepšia, ako si predstavovali! Hovädzie mäso bolo **mäkké,** zelenina dokonale uvarená a vývar bol bohatý a aromatický. Bolo to naozaj dokonalé jedlo na chladný zimný deň. Keď dojedli svoje misky polievky, všetci sa cítili **teplí** a spokojní. Guláš sa im určite zapáčil! Potom sa však stalo niečo zvláštne.

Členovia rodiny sa jeden po druhom začali cítiť trochu **inak.** Začalo im škvŕkať v žalúdku a pociťovali nekontrolovateľné nutkanie grgnúť. Najprv sa to snažili zadržať, ale bolo to príliš silné. Vypustili obrovské **grganie,** ktoré sa ozývalo celým domom. Netrvalo dlho a všetci začali hlasno a často grgať; guláš im všetkým spôsobil plynatosť! Ale aj keď **vydávali** trápne **zvuky,** nikto nemohol prestať jesť chutnú polievku. Vlastne sa všetci vrátili po druhú... a tretiu... a štvrtú! Keď dojedli plnú misu guláša, všetci mali nafúknuté žalúdky

Goulashsoep

Het was een koude winterdag in Slowakije, en er stond goulashsoep op het menu. De dikke, stevige soep van rundvlees, **aardappelen**, wortelen en uien was precies wat iedereen nodig had om op te warmen. Toen de familie rond de tafel zat, roken ze de heerlijke geur van de goulash die in de pan stond te pruttelen. Ze vulden allemaal gretig hun **kommen** met de dampende hete soep en namen hun eerste lepels. De smaken explodeerden in hun monden; het was nog beter dan ze zich hadden voorgesteld! Het rundvlees was **mals**, de groenten waren perfect gekookt, en de bouillon was rijk en vol van smaak. Het was echt een perfecte maaltijd voor een koude winterdag. Toen ze hun kommen soep op hadden, voelde iedereen zich **warm** en voldaan. De goulash was echt een schot in de roos! Maar toen gebeurde er iets vreemds.

Eén voor één begonnen familieleden zich **anders** te voelen. Hun maag begon te rommelen en ze voelden een oncontroleerbare drang om te boeren. Eerst probeerden ze het in te houden, maar het was te sterk. Ze lieten enorme **boeren los** die door het huis galmden. Het duurde niet lang of iedereen boerde luid en vaak; de goulash had ze allemaal winderig gemaakt! Maar ook al maakten ze beschamende **geluiden**,

od nahromadených plynov. Kývali sa ako tučniaci a vypúšťali z úst malé "poot". Dokonca aj pes sa zapojil do akcie; začal prdieť ako **búrka**! Z jeho zadku sa ozývali zvuky ako pri hromobití.

Všetci sa smiali, ako hlúpo vyzerá (a smrdí). **Nakoniec** ľudia začali odchádzať; niektorí museli ísť do práce, iní už nemohli vydržať ďalšiu zábavu s flatulenciou (po chvíli to môže byť dosť ohromujúce). Keď každý človek odchádzal ,nezabudol poďakovať svojej hostiteľke za také **skvelé** jedlo - aj keď možno teraz ľutovala svoje rozhodnutie urobiť gulášovú polievku! Dom bol konečne prázdny a pes si išiel von vybaviť svoje záležitosti. Jediný zvuk, ktorý bolo počuť, bolo jemné **chrápanie** spiaceho dieťaťa. Celkovo to bolo vydarené - aj keď trochu zapáchajúce - zimné jedlo!

niemand kon stoppen met het eten van de heerlijke soep. Sterker nog, ze gingen allemaal terug voor een tweede... en een derde... en een vierde! Tegen de tijd dat ze klaar waren met hun komvol goulash, waren ieders magen opgeblazen en gezwollen door alle gasophopingen. Ze waggelden rond als pinguïns, kleine "poots" uitlatend als ze gingen. De hond deed zelfs mee met de actie; hij begon een **storm** van scheten te laten! Het klonk als donderslagen die uit zijn achterste kwamen.

Iedereen lachte om hoe onnozel hij eruit zag (en rook). **Uiteindelijk** begonnen de mensen te vertrekken; sommigen moesten naar hun werk, terwijl anderen gewoon niet meer tegen winderigheid konden (het kan behoorlijk overweldigend worden na een tijdje). Toen iedereen wegging, bedankten ze hun gastvrouw voor de **heerlijke** maaltijd - ook al had ze nu misschien spijt van haar besluit om goulashsoep te maken! Het huis was eindelijk leeg, en de hond was naar buiten gegaan om zijn behoefte te doen. Het enige geluid dat te horen was, was het zachte **gesnurk** van de slapende baby. Al met al was het een geslaagde, zij het ietwat stinkende, wintermaaltijd!

Otázky na porozumenie

1. Čo bolo na jedálnom lístku rodinného stretnutia?

2. Prečo bola gulášová polievka ideálna do chladného počasia?

3. Čo sa stalo s rodinou po zjedení polievky?

4. Ako pes prispel k situácii?

5. Ako sa cítili členovia rodiny po odchode zo stretnutia?

6. Aký zvuk naplnil dom po tom, čo všetci odišli?

7. Prečo mohla hostiteľka ľutovať svoje rozhodnutie uvariť gulášovú polievku?

8. Čo znamená slovo "guláš"?

9. Aký druh polievky je gulášová polievka?

10. Aké sú ingrediencie gulášovej polievky?

Begrip vragen

1. Wat stond er op het menu voor de familiebijeenkomst?

2. Waarom was de goulashsoep perfect voor het koude weer?

3. Wat gebeurde er met de familie nadat ze de soep aten?

4. Hoe heeft de hond bijgedragen aan de situatie?

5. Hoe voelden de familieleden zich nadat ze de bijeenkomst hadden verlaten?

6. Welk geluid vulde het huis nadat iedereen weg was?

7. Waarom had de gastvrouw misschien spijt van haar besluit om goulashsoep te maken?

8. Wat betekent het woord "goulash"?

9. Wat voor soep is goulashsoep?

10. Wat zijn de ingrediënten van goulashsoep?

Ľadový hokej

Na Slovensku bol **chladný** zimný deň a na zimnom štadióne sa korčuľovali a hrali hry ľudia všetkých vekových kategórií. Vzduch bol naplnený zvukom korčúľ škriabajúcich o ľad a smiechom. Jeden mladý chlapec, Tomáš, bol dnes na klzisku obzvlášť nadšený. Práve dostal svoje prvé **korčule** a nemohol sa dočkať, až ich vyskúša. Opatrne vstúpil na ľad a pridržiaval sa steny, aby mal oporu. Nohy sa mu spočiatku triasli, ale čoskoro si zvykol a začal **sebavedomo** kĺzať. Hral sa s kamarátmi hry, až kým nenastal čas ísť domov. Keď odchádzal z klziska, vedel, že zajtra sa sem vráti znova - tentoraz ešte lepšie **pripravený**. Nasledujúci deň vstával Tomáš skoro a nemohol sa dočkať návratu na **klzisko**.

Obul si korčule a vyrazil von, tentoraz bez toho, aby sa držal steny. Dnes sa cítil **istejšie a** chcel vyskúšať korčuľovanie dozadu. Po niekoľkých pokusoch sa mu to konečne podarilo a žiaril pýchou. Na klzisku strávil celý deň a domov sa vrátil, až keď sa začalo stmievať. Jeho rodičia boli radi, že sa tak **zaujímal o** hokej, a sľúbili mu, že ho čoskoro zoberú na profesionálny zápas. Tomáš sa nemohol dočkať - vedel, že jedného dňa bude hrať na tom istom ľade. O niekoľko rokov neskôr bol Tomáš členom slovenského národného hokejového

Ijshockey

Het was een **koude** winterdag in Slowakije, en de ijshockeybaan was druk bezet met mensen van alle leeftijden die rondschaatsten en spelletjes deden. De lucht was gevuld met het geluid van schaatsen die tegen het ijs schraapten en gelach. Een jongetje, Tomas, was bijzonder opgewonden om vandaag op de ijsbaan te zijn. Hij had net zijn eerste paar **schaatsen** gekregen en kon niet wachten om ze uit te proberen. Voorzichtig stapte hij het ijs op, zich vasthoudend aan de muur voor steun. Zijn benen voelden eerst wiebelig aan, maar hij raakte er snel aan gewend en begon **zelfverzekerd** rond te glijden. Hij speelde spelletjes met zijn vrienden tot het tijd was om naar huis te gaan. Toen hij de ijsbaan verliet, wist hij dat hij morgen weer terug zou komen - dit keer nog beter **voorbereid**. Tomas stond de volgende dag vroeg op, popelend om weer naar de **ijsbaan te gaan**.

Hij trok zijn schaatsen aan en ging naar buiten, deze keer zonder zich aan de muur vast te houden. Hij voelde zich vandaag **zelfverzekerder** en wilde proberen achteruit te schaatsen. Na een paar pogingen lukte het hem eindelijk en hij straalde van trots. Hij bleef de hele dag op de ijsbaan en ging pas naar huis toen het donker begon te worden. Zijn ouders waren

tímu. Tvrdo pracoval, aby sa dostal tam, kde bol, a miloval každú minútu. Miloval pocit korčuľovania po ľade vo vysokej rýchlosti, prácu s pukom s hokejkou a strieľanie gólov. Dnes hral na **turnaji a** jeho tím sa stretol s Kanadou.

Zápas bol vyrovnaný, ale nakoniec sa z neho tešilo Slovensko, ktoré zvíťazilo 3:2. Keď Tomáš dvíhal trofej nad hlavu, spomínal na svoje začiatky, keď sa učil korčuľovať - vedel, že ak sa človek odhodlá, je **možné** všetko! Bol to finálový zápas play-off Stanleyho pohára a Tomášov tím stál proti najväčším **rivalom,** Rusku. Celá krajina stála za nimi a **povzbudzovala** ich. Zápas bol napínavý, ale nakoniec Slovensko vyhralo výsledkom 4:3. Keď z oblohy padali konfety a Tomáš objímal svojich spoluhráčov, premýšľal o tom, ako ďaleko sa dostal od tých prvých dní **korčuľovania na** miestnom klzisku. Vedel, že tento okamih mu zostane navždy - konečne sa mu splnil sen.

blij dat hij zo'n **belangstelling** voor ijshockey had en beloofden hem binnenkort mee te nemen naar een professionele wedstrijd. Tomas kon niet wachten - hij wist dat hij op een dag op datzelfde ijs zou spelen. Een paar jaar later was Tomas lid van het Slowaakse nationale **ijshockeyteam**. Hij had hard gewerkt om daar te komen waar hij was en genoot van elke minuut. Hij hield van het gevoel om met hoge snelheid over het ijs te schaatsen, de puck met de stick te hanteren en doelpunten te maken. Vandaag speelde hij in een **toernooi**, en zijn team moest het opnemen tegen Canada.

De wedstrijd ging gelijk op, maar uiteindelijk trok Slowakije aan het langste eind met een 3-2 overwinning. Terwijl Tomas de trofee boven zijn hoofd hief, dacht hij terug aan die eerste dagen dat hij leerde schaatsen. Hij wist dat alles **mogelijk** was, als je maar je zinnen erop zette! Het was de laatste wedstrijd van de Stanley Cup play-offs en Tomas' team moest het opnemen tegen hun grootste **rivalen**, Rusland. Het hele land stond achter hen en **juichte** hen toe. De wedstrijd was intens, maar uiteindelijk won Slowakije met een score van 4-3. Terwijl de confetti uit de lucht viel en Tomas zijn teamgenoten omhelsde, dacht hij aan hoe ver hij was gekomen sinds die eerste dagen op zijn plaatselijke ijsbaan. Hij wist dat dit moment hem voor altijd zou bijblijven - hij had eindelijk zijn droom waargemaakt.

Otázky na porozumenie

1. Kde korčuľoval Tomáš?

2. S kým korčuľoval Tomáš?

3. Ako voňal vzduch?

4. Ako sa cítil Tomáš, keď prvýkrát vstúpil na ľad?

5. Čo robil Tomáš, keď prišiel domov?

6. Ako sa Tomáš cítil na druhý deň, keď sa vrátil na ľad?

7. Aký bol Tomášov cieľ?

8. O koľko rokov neskôr hral Tomáš na turnaji?

9. Aké bolo konečné skóre zápasu?

10. Na čo myslel Tomáš, keď padali konfety?

Begrip vragen

1. Waar was Tomas aan het schaatsen?

2. Met wie was Tomas aan het schaatsen?

3. Hoe rook de lucht?

4. Hoe voelde Tomas zich toen hij voor het eerst op het ijs stapte?

5. Wat deed Tomas toen hij thuiskwam?

6. Hoe voelde Tomas zich de volgende dag toen hij terug ging naar de ijsbaan?

7. Wat was het doel van Tomas?

8. Hoeveel jaar later speelde Tomas in een toernooi?

9. Wat was de eindstand van de wedstrijd?

10. Waar dacht Tomas aan toen de confetti viel?

Banská Štiavnica

Banská Štiavnica je malé mesto na strednom Slovensku. Je známe najmä vďaka zachovalej stredovekej architektúre a krásnej prírodnej scenérii. **História** mesta siaha do 13. storočia, keď ho založili nemeckí osadníci. Dnes je Banská Štiavnica obľúbeným turistickým cieľom Slovákov aj cudzincov. Jednou z najobľúbenejších **atrakcií** Banskej Štiavnice je hrad Červený Kameň. Hrad bol postavený v 15. storočí a v priebehu rokov slúžil ako sídlo moci viacerých uhorských **šľachticov.** Dnes sa v ňom nachádza múzeum, ktoré rozpráva o histórii hradu. Návštevníci si z jeho veží môžu vychutnať aj nádherný výhľad na okolitú krajinu. Ďalším obľúbeným turistickým cieľom je Banskoštiavnické banské múzeum.

Múzeum sa nachádza v bývalej **baníckej** škole a predstavuje bohatú históriu baníctva a hutníctva v meste. Návštevníci sa môžu dozvedieť o rôznych metódach používaných na získavanie kovov zo zeme, ako aj vidieť niektoré zariadenia, ktoré sa v tomto období používali. V Banskej Štiavnici sa nachádza aj množstvo **krásnych** parkov a záhrad. Jedným z nich je park Jánosa Bolyaia, ktorý bol pomenovaný po slávnom maďarskom matematikovi, ktorý niekoľko rokov žil v Banskej Štiavnici. V parku sa nachádza

Banská Štiavnica

Banská Štiavnica is een kleine stad in Midden-Slowakije. Het is vooral bekend om zijn goed bewaarde middeleeuwse architectuur en prachtige natuur. De **geschiedenis** van de stad gaat terug tot de 13e eeuw, toen het werd gesticht door Duitse kolonisten. Vandaag de dag is Banská Štiavnica een populaire toeristische bestemming voor zowel Slowaken als buitenlanders. Een van de populairste **bezienswaardigheden** in Banská Štiavnica is het kasteel Červený Kameň. Het kasteel werd gebouwd in de 15e eeuw en diende in de loop der jaren als machtszetel voor verschillende Hongaarse **edelen**. Vandaag de dag herbergt het een museum dat het verhaal van de geschiedenis van het kasteel vertelt. Bezoekers kunnen vanaf de torens ook genieten van een prachtig uitzicht op het **omliggende** landschap. Een andere populaire toeristische bestemming is het mijnbouwmuseum van Banská Štiavnica.

Het museum is gevestigd in een voormalige mijnbouwschool en toont de rijke geschiedenis van de mijnbouw en de metallurgie van de stad. Bezoekers kunnen er meer te weten komen over de verschillende methoden die werden gebruikt om metalen uit de aarde te halen en kunnen er ook de apparatuur zien

socha Bolyaia, ako aj jazierko, pri ktorom si návštevníci môžu oddýchnuť a vychutnať si pokojné prostredie. Ak hľadáte miesto, kde si môžete pochutnať na výbornom jedle, Banská Štiavnica je ideálnym miestom. Mestské **reštaurácie** ponúkajú rôzne tradičné slovenské jedlá, ako aj jedlá medzinárodnej kuchyne. Nachádza sa tu aj niekoľko kaviarní a pekární, kde si môžete vychutnať sladkú pochúťku alebo osviežujúcu šálku kávy.

Či už vás zaujíma história, **príroda,** alebo si len chcete oddýchnuť a vychutnať si dobré jedlo, Banská Štiavnica ponúka niečo pre každého. Prečo teda nenavštíviť toto pôvabné slovenské mesto a nepozrieť sa, čo všetko ponúka? Slnko práve začínalo vykukovať nad obzor a vrhalo teplú **žiaru na** mestečko Banská Štiavnica. Vtáky na stromoch spievali a ľudia sa začínali pohybovať vo svojich domovoch, pretože sa začal ďalší deň. V centre mesta sa skupinka detí hrala na bábiku okolo sochy Jánosa Bolyaia. Smiali sa a vtipkovali, ako pobehovali, bez akejkoľvek starostlivosti. Zrazu jeden z chlapcov zakopol a s hrmotom spadol na zem.

die in die tijd werd gebruikt. Banská Štiavnica is ook de thuisbasis van vele **mooie** parken en tuinen. Een daarvan is het János Bolyai Park, dat genoemd is naar een beroemde Hongaarse wiskundige die enkele jaren in Banská Štiavnica heeft gewoond. Het park heeft een **standbeeld** van Bolyai en een vijver waar bezoekers kunnen ontspannen en genieten van de vredige omgeving. Als u op zoek bent naar een plek om heerlijk te eten, dan is Banská Štiavnica de perfecte plek. De **restaurants in** de stad bieden een verscheidenheid aan traditionele Slowaakse gerechten, maar ook internationale gerechten. Er zijn ook verschillende cafés en bakkerijen waar u kunt genieten van een zoete lekkernij of een verfrissend kopje koffie.

Of u nu geïnteresseerd bent in geschiedenis, **natuur**, of gewoon wilt ontspannen en genieten van lekker eten, Banská Štiavnica heeft voor elk wat wils. Dus waarom brengt u geen bezoek aan dit charmante Slowaakse stadje om te zien wat het allemaal te bieden heeft? De zon begon net boven de horizon te komen en wierp een warme **gloed** over het stadje Banská Štiavnica. Vogels zingen in de bomen en de mensen beginnen zich te roeren in hun huizen om een nieuwe dag te beginnen. In het centrum van de stad speelde een groep kinderen tikkertje rond het standbeeld van János Bolyai. Ze lachten en maakten grapjes terwijl ze renden, zonder zich er iets van aan **te** trekken. Plotseling struikelde een van de jongens en viel met een plof op de grond.

Otázky na porozumenie

1. Čím je Banská Štiavnica najznámejšia?

2. Kedy bola Banská Štiavnica založená?

3. Čo je hrad Červený Kameň?

4. Čo je Banské múzeum v Banskej Štiavnici?

5. Čo je park Jánosa Bolyaia?

6. Kto bol János Bolyai?

7. Čo nájdete v mestských reštauráciách?

8. Čo robí slnko na začiatku textu?

9. Čo robí skupina detí okolo sochy Jánosa Bolyaia?

10. Čo sa stane s jedným z chlapcov v skupine?

Begrip vragen

1. Waar is Banská Štiavnica het meest bekend om?

2. Wanneer werd Banská Štiavnica gesticht?

3. Wat is het kasteel Červený Kameň?

4. Wat is het Mijnmuseum van Banská Štiavnica?

5. Wat is het János Bolyai Park?

6. Wie was János Bolyai?

7. Wat vind je in de restaurants van de stad?

8. Wat doet de zon in het begin van de tekst?

9. Wat doet de groep kinderen rond het standbeeld van János Bolyai?

10. Wat gebeurt er met een van de jongens in de groep?

Tenis

Slnko nemilosrdne pálilo na tenisový **kurt**. Hráči sa veľmi potili a oblečenie sa im lepilo na telo. Dychčali a lapali po dychu, ale nechceli **prestať**. Toto bol finálový set a ten, kto ho vyhrá, sa stane šampiónom. Obaja hráči boli vyčerpaní, ale odmietali sa vzdať. Pokračovali v súbojoch tam a späť, pričom každý bod bol čoraz rozhodujúcejší. Diváci ich povzbudzovali, ale zdalo sa, že ani jeden z hráčov nepočuje nič okrem zvuku loptičky narážajúcej na ich **raketu**. Nakoniec, po hodinách, ktoré sa zdali byť dlhé, sa jednému z hráčov podarilo šťastným úderom prekonať obranu súpera a vyhrať zápasový bod. **Vyčerpaný** sa zrútil na zem, zatiaľ čo publikum vypuklo v **potlesk**.

Hráčom, ktorý vyhral zápas, bol **mladík** menom John. Tenis hral len niekoľko rokov, ale rýchlo sa stal jedným z najlepších hráčov v krajine. Tento turnaj bol jeho prvým veľkým víťazstvom a mal pocit, že všetka jeho tvrdá práca sa **konečne vyplatila.** Keď odchádzal z kurtu, stretli ho rodičia a priatelia, ktorí mu blahoželali k víťazstvu. V ich **očiach videl** hrdosť a cítil sa vďaka tomu ešte lepšie. Vedel, že toto nebude jeho posledné víťazstvo, ale určite to bol moment, ktorý si bude navždy pamätať. Johnovým súperom bol muž menom Roger. Bol to skúsený **veterán** a tenisu sa venoval

Tennis

De zon scheen ongenadig op de **tennisbaan**. De spelers zweetten overvloedig, hun kleren kleefden aan hun lichaam. Ze hijgden en hapten naar adem, maar ze wilden niet **stoppen**. Dit was de laatste set en wie die zou winnen, zou kampioen worden. Beide spelers waren uitgeput, maar ze weigerden op te geven. Ze bleven heen en weer gaan, elk punt werd meer en meer cruciaal. Het publiek juichte hen toe, maar het leek alsof geen van beide spelers iets anders kon horen dan het geluid van de bal die tegen hun **racket sloeg**. Uiteindelijk, na wat voelde als uren, slaagde een van de spelers erin om met een lucky shot langs de verdediging van zijn tegenstander te komen en het matchpoint te winnen. Hij stortte **uitgeput** op de grond terwijl het publiek in **applaus uitbarstte**.

De speler die de wedstrijd won was een jonge **man** genaamd John. Hij tenniste nog maar een paar jaar, maar hij was al snel een van de beste spelers van het land geworden. Dit toernooi was zijn eerste grote overwinning, en het voelde alsof al zijn harde werk **eindelijk zijn vruchten had afgeworpen**. Toen hij van de baan liep, werd hij opgewacht door zijn ouders en vrienden, die hem feliciteerden met zijn overwinning. Hij kon de trots in hun **ogen** zien, en dat gaf hem een

väčšinu svojho života. Túto prehru niesol ťažko, ale vedel, že John odohral **vynikajúci** zápas.

Pred odchodom z kurtu zablahoželal Johnovi k víťazstvu a podal mu ruku. Nevedel, či sa mu ešte niekedy podarí Johna poraziť, ale nemienil sa vzdať bez boja. Johnovo víťazstvo na turnaji z neho urobilo známe meno. Zrazu **s** ním začali **robiť rozhovory** všetky hlavné spravodajské agentúry a dokonca ho pozvali do niekoľkých talkshow. Užíval si svoju novonadobudnutú slávu, ale vedel, že to nebude trvať večne. Bol odhodlaný naďalej **vyhrávať** a upevniť si miesto jedného z najlepších tenistov v histórii. Niekoľko mesiacov po svojom veľkom víťazstve sa John opäť stretol s Rogerom na inom turnaji. Tentoraz bol Roger na neho pripravený a podarilo sa mu ho poraziť v priamom súboji. Nebolo to ľahké, ale Rogerovi sa konečne podarilo **pomstiť**.

nog beter gevoel over zichzelf. Hij wist dat dit niet zijn laatste overwinning zou zijn, maar het was zeker een moment dat hij zich altijd zou herinneren. John's tegenstander was een man genaamd Roger. Hij was een doorgewinterde **veteraan** die al bijna zijn hele leven tenniste. Dit verlies was moeilijk voor hem te verwerken, maar hij wist dat John een **uitstekende** wedstrijd had gespeeld.

Hij feliciteerde John met zijn overwinning en schudde hem de hand voordat hij het veld afliep. Hij wist niet of hij John ooit nog zou kunnen verslaan, maar hij was niet van plan het zonder slag of stoot op te geven. John's overwinning in het toernooi maakte van hem een begrip. Hij werd plotseling **geïnterviewd** door alle grote nieuwszenders, en hij werd zelfs uitgenodigd om in enkele talkshows te verschijnen. Hij genoot van zijn nieuwe roem, maar hij wist dat het niet eeuwig zou duren. Hij was vastbesloten om te blijven **winnen** en zijn plaats als een van de grootste tennisspelers in de geschiedenis te verstevigen. Een paar maanden na zijn grote overwinning, ontmoette John Roger weer op een toernooi. Deze keer was Roger klaar voor hem en wist hem in straight sets te verslaan. Het was niet gemakkelijk, maar Roger had eindelijk zijn **wraak** gekregen.

Otázky na porozumenie

1. Ako sa volal hráč, ktorý vyhral zápas?

2. Koľko rokov hral John tenis, keď vyhral zápas?

3. Čo urobili Johnovi rodičia a priatelia, keď sa s ním stretli po zápase?

4. Ako sa John cítil pri svojej novonadobudnutej sláve?

5. Ako dopadol druhý zápas medzi Johnom a Rogerom?

6. Ako sa cítil Roger po víťazstve v druhom zápase?

7. Čo robili diváci po skončení zápasu?

8. Prečo bol tento zápas taký dôležitý?

9. Čo urobil John po tom, ako vyhral zápas?

10. Aké bolo počas zápasu počasie?

Begrip vragen

1. Wat was de naam van de speler die de wedstrijd won?

2. Hoeveel jaar had John al getennist toen hij de wedstrijd won?

3. Wat deden de ouders en vrienden van John toen ze hem na de wedstrijd ontmoetten?

4. Hoe voelde John zich over zijn nieuwe roem?

5. Wat was de uitslag van de tweede wedstrijd tussen John en Roger?

6. Hoe voelde Roger zich nadat hij de tweede wedstrijd had gewonnen?

7. Wat deed het publiek toen de wedstrijd was afgelopen?

8. Waarom was de wedstrijd zo belangrijk?

9. Wat deed John nadat hij de wedstrijd gewonnen had?

10. Hoe was het weer tijdens de wedstrijd?

Martina Hingisová

Martina Hingisová bola vždy talentovanou **tenistkou**.
Začala hrať, keď mala len štyri roky, a keď mala
šestnásť, získala už päť grandslamových titulov vo
dvojhre. V roku 2007, vo veku tridsať rokov, však
Martina oznámila, že končí s profesionálnym tenisom.
Mnohí ľudia si mysleli, že to bolo preto, lebo už
nedokázala držať krok s **mladšími** hráčkami na turné.
Pravdou však je, že Martina už jednoducho nemala
vášeň pre tenis. Už niekoľko mesiacov neodohrala
súťažný zápas, a hoci stále rada chodila na kurt odbíjať
loptičky, vedela, že je čas ísť ďalej. Čo teda Martina
robila po ukončení profesionálnej tenisovej kariéry?
V prvom rade si vzala toľko potrebný čas na oddych!
Cestovala po Európe so svojimi priateľmi a rodinou a
konečne **spoznala** život mimo sveta súťažného športu.

Bolo to pre ňu osviežujúce a skutočne jej to umožnilo
oceniť všetko, čo život ponúka mimo získavania **trofejí**.
Nakoniec však Martina opäť začala byť nervózna a
uvedomila si, že chce v živote niečo **náročnejšie** ako
len pohodové cestovanie alebo odbíjanie loptičiek na
miestnych kurtoch. Vtedy sa rozhodla začať trénovať
mladých nádejných tenistov. Martina vždy rada
pracovala s deťmi a veľmi dobre ich učila základy
tenisu. **Rýchlo** si však uvedomila, že trénerstvo nebude

Martina Hingis

Martina Hingis was altijd al een begenadigd **tennisspeelster**. Ze begon met tennissen toen ze nog maar vier jaar oud was, en tegen de tijd dat ze zestien was, had ze al vijf Grand Slam singles titels gewonnen. Maar in 2007, op dertigjarige leeftijd, kondigde Martina haar afscheid aan van professioneel tennis. Veel mensen dachten dat dat was omdat ze de **jongere** spelers op de tour niet meer kon bijhouden. Maar de waarheid is dat Martina gewoon geen passie meer had voor tennis. Ze had al maanden geen **wedstrijd** meer gespeeld en hoewel ze nog steeds graag de baan op ging om een balletje te slaan, wist ze dat het tijd was om verder te gaan. Wat deed Martina toen ze stopte met professioneel tennis? Nou, allereerst nam ze wat broodnodige vrije tijd! Ze reisde door Europa met haar vrienden en familie en kon eindelijk het leven buiten de wereld van de wedstrijdsport ervaren.

Het was verfrissend voor haar en stelde haar in staat om te waarderen wat het leven allemaal te bieden heeft buiten het winnen van **trofeeën**. Maar uiteindelijk werd Martina weer ongeduldig en besefte ze dat ze iets **uitdagenders** in haar leven wilde dan alleen maar recreatief reizen of een balletje slaan op een plaatselijke tennisbaan. Toen besloot ze om jonge

také jednoduché, ako si myslela. Tieto deti neustále skúšali jej trpezlivosť a tlačili na jej pílu! Martina však vytrvala, pretože vedela, že ak sa jej podarí pomôcť aspoň jednému z týchto detí rozvinúť ich **potenciál**, všetko to nakoniec bude stáť za to.

A po niekoľkých mesiacoch tvrdej práce sa u jedného z jej **študentov** začali prejavovať skutočné pokroky. Volal sa Tim a mal len dvanásť rokov, ale mal obrovský talent. Martina s Timom úzko spolupracovala, pomáhala mu dolaďovať jeho zručnosti a rozvíjať stratégiu na **kurte**. Zároveň mu vštepovala dôležitosť športového správania a to, ako elegantne zvládať výhru či prehru. Nakoniec, po mesiacoch príprav, Tim nastúpil na svoj prvý juniorský turnaj... a vyhral ho! Pre Martinu aj Tima to bol **neuveriteľný** pocit a spoločne oslavovali ako skutoční šampióni. Martinina trénerská kariéra pokračovala v rozkvete a čoskoro mala na zozname študentov, ktorí nielen vyhrávali turnaje, ale získavali aj národné **uznanie**. Rýchlo sa stala jednou z najvyhľadávanejších tréneriek v **krajine**.

aspirant-tennissers te gaan coachen. Martina had altijd al graag met kinderen gewerkt, en ze was heel goed in hen de basisbeginselen van tennis bij te brengen. Maar ze besefte **al snel** dat coachen niet zo makkelijk zou zijn als ze dacht. Deze kinderen stelden haar geduld voortdurend op de proef en dwongen haar tot het uiterste! Maar Martina zette door omdat ze wist dat als ze maar één van deze kinderen kon helpen hun **potentieel te** bereiken, het uiteindelijk allemaal de moeite waard zou zijn.

En inderdaad, na een paar maanden hard werken, begon een van haar **leerlingen** vooruitgang te boeken. Zijn naam was Tim, en hij was pas twaalf jaar oud, maar hij had zo veel talent. Martina werkte nauw samen met Tim en hielp hem zijn vaardigheden te verfijnen en zijn strategie op het **veld te** ontwikkelen. Ze leerde hem ook hoe belangrijk sportiviteit is en hoe hij elegant moet omgaan met winst en verlies. Eindelijk, na maanden van voorbereiding, deed Tim mee aan zijn eerste juniorentoernooi... en won! Het was een **ongelooflijk** gevoel voor zowel Martina als Tim, en ze vierden het samen als echte kampioenen. Martina's coachcarrière bleef bloeien, en al snel had ze een aantal studenten die niet alleen toernooien wonnen, maar ook nationale **erkenning** kregen. Ze werd al snel een van de meest gewilde coaches in het **land**.

Otázky na porozumenie

1. Čo bolo hlavným dôvodom odchodu Martiny Hingisovej z profesionálneho tenisu?

2. Ako sa Martina cítila, keď začínala trénovať?

3. Prečo bol Tim pre Martinu špeciálnym študentom?

4. Ako Martina pomohla Timovi pripraviť sa na turnaje?

5. Ako dopadol Timov prvý juniorský turnaj?

6. Aká je teraz Martinina trénerská kariéra?

7. Koľko grandslamových titulov vo dvojhre získala Martina do svojich šestnástich rokov?

8. Čo robila Martina po skončení profesionálneho tenisu?

9. Aký bol pocit pre Martinu a Tima, keď Tim vyhral svoj prvý juniorský turnaj?

10. Akú vec vštepila Martina Timovi?

Begrip vragen

1. Wat was de belangrijkste reden voor Martina Hingis om te stoppen met professioneel tennis?

2. Hoe dacht Martina over coachen toen ze voor het eerst begon?

3. Waarom was Tim een speciale student voor Martina?

4. Hoe heeft Martina Tim geholpen zich voor te bereiden op toernooien?

5. Wat was het resultaat van Tim's eerste jeugdtoernooi?

6. Hoe ziet Martina's coachcarrière er nu uit?

7. Hoeveel Grand Slam singles titels won Martina toen ze zestien was?

8. Wat deed Martina nadat ze stopte met professioneel tennis?

9. Hoe was het gevoel voor Martina en Tim toen Tim zijn eerste juniorentoernooi won?

10. Wat was één ding dat Martina Tim bijbracht?

Na pláži

Po východe slnka sú vlny hlasnejšie a piesok nad
prílivom je biely. Schádzam na pláž a **obdivujem** more
a slnko. Moje prsty na nohách cítia ryhy mušlí. Piesok
ma studí na prstoch. Usmejem sa a pokračujem ďalej.
Príliv je vysoký, takže si musím dávať pozor, aby ma
nevtiahol dnu. Kráčam po brehu a obdivujem more.
Východ slnka je **nádherný a** vlny sa rozbíjajú. Cítim
sa taká pokojná. Prichádzam na miesto, kde je skalný
výbežok. Sadnem si a pozorujem vlny. Voda je taká
modrá a obloha taká **oranžová**. Cítim sa ako vo sne.
Zavriem oči a len tak počúvam vlny. Dlho som tam
sedela, až kým som nepočula, ako niekto volá moje
meno.

Otvorím oči a vidím mamu, ako ku mne kráča. V tvári
má ustarostený výraz. Usmejem sa a zamávam jej a
ona **sa uvoľní**. "Rozmýšľala som, kam si išla," hovorí.
"Som rada, že sa ti na pláži páči." Odpovedám: "Áno."
"Je tu tak krásne." "Ja viem," povie. "Keď som bola v
tvojom veku, chodievala som sem stále." "Naozaj?"
Spýtam sa. "Áno," odpovie. "Je to výnimočné miesto."
"Stretla si tu niekedy niekoho výnimočného?" Pýtam sa.
"Stretla," odpovie s úsmevom. "Tvojho otca." "Naozaj?"
Poviem **prekvapene**. "Áno," povie. "Chodievali sme
sem spolu stále. Tu sme sa do seba zamilovali. "

Op het strand

Na zonsopgang zijn de golven luider en het zand boven de vloed is wit. Ik loop naar het strand en **bewonder** de zee en de zon. Mijn tenen voelen de groeven van schelpen. Het zand is koud aan mijn tenen. Ik glimlach en loop door. Het is vloed, dus ik moet oppassen dat ik er niet in word getrokken. Ik loop langs de waterkant en bewonder de zee. De zonsopgang is **prachtig**, en de golven beuken. Ik voel me zo vredig. Ik kom op een plek waar een rots uitsteekt. Ik ga zitten en kijk naar de golven. Het water is zo blauw en de lucht is zo **oranje**. Ik voel me alsof ik in een droom ben. Ik sluit mijn ogen en luister alleen maar naar de golven. Ik zat daar een hele tijd, tot ik iemand mijn naam hoorde roepen.

Ik open mijn ogen en zie mijn moeder naar me toe lopen. Ze heeft een bezorgde blik op haar gezicht. Ik glimlach en zwaai, en ze **ontspant zich**. "Ik vroeg me al af waar je was," zegt ze. "Ik ben blij dat je van het strand geniet." Ik antwoord: "Dat doe ik." "Het is hier zo mooi." "Ik weet het," zegt ze. "Ik kwam hier altijd toen ik zo oud was als jij." "Echt waar?" Vraag ik. "Ja," antwoordt ze. "Het is een speciale plek." "Heb je hier ooit een speciaal iemand ontmoet?" Vraag ik. "Ik wel," antwoordt ze met een glimlach. "Je vader." "Echt waar?" Zeg ik, **verbaasd**. "Ja," zegt ze. "We kwamen hier altijd

Usmejem sa a **predstavím si, ako sa** moji rodičia zamilovali na tejto krásnej pláži. "Je to výnimočné miesto," zopakuje. "Som rada, že si sem dnes prišiel."

Ešte chvíľu tam sedíme a **pozorujeme** vlny a západ slnka. Potom vstaneme a vrátime sa k našim plážovým uterákom. Ľahnem si a pozerám na hviezdy. Cítim sa taká šťastná a spokojná. Vlny sú teraz hlasnejšie a piesok je studený. Slnko zapadá a fúka chladný vánok. Vlny sa rozbíjajú o breh a vo vzduchu je cítiť vôňu soli. Je to dokonalý večer na to, aby sme boli na pláži. Prechádzam sa po pobreží, **počúvam** šumenie vĺn a pozorujem západ slnka. Vidím skupinu ľudí, ktorí sedia na piesku, smejú sa a vtipkujú. Vyzerajú, že sa výborne bavia. Pristúpim k nim a spýtam sa, či sa k nim môžem pridať. Súhlasia a zvyšok večera sa rozprávame, smejeme a sledujeme **západ slnka**. Je to dokonalý večer. So skupinou sa rozprávame až do západu slnka. Vymieňame si príbehy a vtipy a všetci sa výborne bavíme. Keď sa začne schyľovať k noci, všetci sa začíname cítiť unavení. Bozkávame sa na **rozlúčku** a rozchádzame sa. Vraciam sa do hotela a cítim sa šťastný a spokojný. Nemôžem uveriť, aké je to tu krásne. Som taká šťastná, že som to mohla **zažiť**.

samen. Het is waar we verliefd werden. " Ik glimlach en **stel me voor hoe** mijn ouders verliefd werden op dit prachtige strand. "Het is een speciale plek," herhaalt ze. "Ik ben blij dat je hier vandaag bent."

We zitten daar nog een tijdje, **kijken naar** de golven en de zonsondergang. Dan staan we op en lopen terug naar onze strandhanddoeken. Ik ga liggen en kijk naar de sterren. Ik voel me zo gelukkig en tevreden. De golven zijn nu luider, en het zand is koud. De zon gaat onder en er waait een koel briesje. De golven beuken tegen de kust, en de geur van zout hangt in de lucht. Het is een perfecte avond om op het strand te zijn. Ik loop langs het strand, **luister** naar het geluid van de golven en kijk naar de zonsondergang. Ik zie een groep mensen op het zand zitten, lachend en grapjes makend. Ze zien eruit alsof ze het naar hun zin hebben. Ik loop naar ze toe en vraag of ik erbij mag komen zitten. Ze zeggen ja, en we brengen de rest van de avond door met praten, lachen en kijken naar de **zonsondergang**. Het is een perfecte avond. De groep en ik praten tot de zon ondergaat. We delen verhalen en grappen, en we hebben allemaal een geweldige tijd. Als de avond begint te vallen, beginnen we allemaal moe te worden. We kussen elkaar **vaarwel** en gaan uit elkaar. Ik loop terug naar mijn hotel en voel me gelukkig en tevreden. Ik kan niet geloven hoe mooi het hier is. Ik ben zo gelukkig dat ik het heb mogen **meemaken**.

Otázky na porozumenie

1. Kam ide rozprávač po prebudení?

2. Čo rozprávač obdivuje, keď sa prechádza po pláži?

3. Na čo si musí rozprávač dávať pozor, keď sa prechádza po pláži?

4. Kam si rozprávač sadne, aby si vychutnal výhľad?

5. Ako dlho tam rozprávač sedí?

6. Koho vidí rozprávač, keď opäť otvorí oči?

7. Čo hovorí matka rozprávača?

8. O čom sa rozpráva rozprávač a ľudia, ktorých stretáva?

Begrip vragen

1. Waar gaat de vertelster heen nadat ze wakker is geworden?

2. Wat bewondert de vertelster als ze langs het strand loopt?

3. Waar moet de vertelster op letten als ze langs het strand loopt?

4. Waar gaat de verteller zitten om van het uitzicht te genieten?

5. Hoe lang blijft de verteller daar zitten?

6. Wie ziet de verteller als ze haar ogen weer opent?

7. Wat zegt de moeder van de verteller?

8. Waar praten de verteller en de mensen die ze ontmoet over?

Kempovanie pri jazere

Kráčam k jazeru a **obdivujem** pokojnú scenériu.
Na malé jazero dopadá slnko, takže voda vyzerá
ako sklenená tabuľa. Jediným pohybom je občasné
zvlnenie, ktoré spôsobí ryba **rozrážajúca** hladinu. Zdá
sa, že aj vtáky si oddýchli od horúčavy, vzduchom sa
rozlieha len šum cikád. **Zrazu** pokoj naruší hlasné
špliechanie. Z vody vyskočila veľká **ryba a** snažila sa
chytiť vážku. Ryba minula svoj cieľ a so špliechaním
spadla späť do vody. "Páni," pomyslím si, "to bola veľká
ryba!" Obzrel som sa okolo seba, či ju nevidel niekto
iný, ale nikto nebol nablízku. Asi im to budem musieť
povedať, keď sa vrátim do tábora.

Horúčava je **ťaživá,** ťažko sa dýcha. Vzduch je hustý
a ťažký ako deka, ktorá vás obklopuje. Jediná úľava je
vo vode. Je chladivá a osviežujúca, ako studený nápoj
v horúcom dni. Zhlboka sa nadýchnem a ponorím sa
do vody. Úľava je okamžitá, keď ma obklopí chladná
voda. Plávam až na dno a potom sa vraciam na hladinu
a cítim, ako mi voda ochladzuje telo. Pokračujem v
plávaní a užívam si oddych od horúčavy. Po chvíli
vyleziem z vody a ľahnem si na trávu, aby mi slnko
osušilo telo. Zavriem oči a zaspím, zvuk **cikád** ma
ukolíše do hlbokého spánku. Nechávam slnko, aby

Kamperen aan het meer

Ik loop naar het meer en **bewonder** de vredigheid van het tafereel. De zon schijnt op het meertje, waardoor het water een glazen plaat lijkt. De enige beweging is af en toe een rimpeling van een vis **die** het wateroppervlak breekt. Zelfs de vogels lijken een pauze te nemen van de hitte, met alleen het geluid van cicaden die de lucht vullen. **Plotseling** wordt de rust verbroken door een luide plons. Een grote **vis** is uit het water gesprongen, in een poging een libel te vangen. De vis mist zijn doel en valt met een plons terug in het water. "Wow," denk ik bij mezelf, "dat was een grote vis!." Ik keek om me heen om te zien of iemand anders hem had gezien, maar er was niemand in de buurt. Ik denk dat ik het ze zal moeten vertellen als ik terug ben in het kamp.

De hitte is **drukkend**, waardoor het moeilijk is om te ademen. De lucht is dik en zwaar, als een deken om je heen gewikkeld. De enige verlichting is in het water. Het is koel en verfrissend, als een koud drankje op een warme dag. Ik haal diep adem en duik in het water. De opluchting is onmiddellijk als het koele water me omringt. Ik zwem naar de bodem en dan weer naar de oppervlakte, terwijl ik voel hoe het water mijn lichaam afkoelt. Ik blijf baantjes trekken en geniet van de

mi z pokožky vypieklo vodu. Cítim, ako sa mi pokožka červená, ale je mi to jedno. Je mi príliš horúco na to, aby mi na tom záležalo. vzápätí si uvedomím, že slnko zapadá. Obloha je nádherne oranžová s pruhmi ružovej a fialovej. Horúčava je preč, nahradil ju chladný **vánok**.

Vstávam a obliekam sa, cítim sa svieža a omladená. Zhlboka **sa nadýchnem** chladného vzduchu a usmejem sa. Je to dobrý pocit byť nažive. Vraciam sa späť do kempu a obdivujem, ako na oblohe tancujú farby. V diaľke vidím horieť táborák a vo vzduchu cítim dym. Usmejem sa a **zrýchlim** krok. Som pripravená oddýchnuť si a užiť si zvyšok večera. Vchádzam do táboriska a vidím, že všetci sú zhromaždení okolo ohňa. **Smejú sa** a vtipkujú a ja vidím, ako sa im oheň odráža v očiach. Usmejem sa a sadnem si vedľa svojich priateľov. Je dobré byť späť. Nasledujúce ráno vstávam skoro a začínam si baliť veci. Už sa neviem dočkať, kedy sa vrátim na cestu a budem pokračovať v putovaní. Rozlúčim sa s priateľmi a začnem odchádzať. Počas chôdze sa naposledy pozriem na **kemp**. V diaľke vidím stále horiaci oheň a vo vzduchu cítim dym.

afkoeling van de hitte. Na een tijdje kom ik uit het water en ga op het gras liggen, zodat de zon mijn lichaam kan drogen. Ik sluit mijn ogen en val in slaap, het geluid van de **cicaden** brengt me in een diepe slaap. Ik laat de zon het water uit mijn huid bakken. Ik voel dat mijn huid rood wordt, maar dat kan me niet schelen. Ik heb het te warm om me zorgen te maken. Het volgende dat ik weet, is dat de zon ondergaat. De lucht is prachtig oranje, met roze en paarse strepen. De hitte is weg, vervangen door een koel **briesje**.

Ik sta op en trek mijn kleren weer aan. Ik voel me verfrist en verjongd. Ik haal diep **adem** uit de koele lucht en glimlach. Het voelt goed om te leven. Ik loop terug naar de camping en bewonder de manier waarop de kleuren in de lucht dansen. In de verte zie ik het kampvuur branden, en ik ruik de rook in de lucht.
Ik glimlach en **versnel** mijn pas. Ik ben klaar om te ontspannen en te genieten van de rest van mijn avond. Ik loop de camping op en zie dat iedereen rond het vuur zit. Ze **lachen** en maken grapjes, en ik kan het vuur in hun ogen zien weerkaatsen. Ik glimlach en ga naast mijn vrienden zitten. Het is goed om terug te zijn. De volgende ochtend sta ik vroeg op en begin mijn spullen in te pakken. Ik sta te popelen om weer op pad te gaan en mijn reis voort te zetten. Ik neem afscheid van mijn vrienden en begin weg te lopen. Terwijl ik loop, werp ik nog een laatste blik op de **camping**. In de verte zie ik het vuur nog branden en ik ruik de rook in de lucht.

Otázky na porozumenie

1. Kam ide chodec?

2. Aké je počasie?

3. Ako vyzerá voda?

4. Ako chodec reaguje na teplo?

5. Čo robí ryba?

6. Prečo je chodec sám?

7. Aký je pocit z vody?

8. Ako sa chodec cíti po plávaní?

9. V ktorú dennú hodinu sa chodec zobudí?

10. Kam ide chodec, keď opustí tábor?

Begrip vragen

1. Waar gaat de wandelaar heen?

2. Wat voor weer is het?

3. Hoe ziet het water eruit?

4. Hoe reageert de wandelaar op de hitte?

5. Wat doet de vis?

6. Waarom is de wandelaar alleen?

7. Hoe voelt het water aan?

8. Hoe voelt de wandelaar zich na het zwemmen?

9. Hoe laat is het als de wandelaar wakker wordt?

10. Waar gaat de wandelaar heen als hij het kamp verlaat?

Dom

Minulý týždeň som sa presťahovala do svojho nového domu a veľmi **sa teším**! Je oveľa väčší ako môj starý a má veľký dvor. Nemôžem sa dočkať, až k nám budú chodiť priatelia na grilovačky a večierky. Mojou **najobľúbenejšou** časťou je moja nová spálňa. Je taká veľká a svetlá a mám v nej veľa miesta na všetky svoje veci. Som naozaj spokojná so svojím novým domom a myslím, že tu budem veľmi šťastná. Rozhodla som sa, že dom ešte trochu preskúmam. Vyšiel som na druhé poschodie a začal som sa uberať do kuchyne, keď som na stene uvidel veľkého čierneho pavúka! Vykríkla som a utekala dolu. Bola som taká **vystrašená**! Ale po niekoľkých minútach som sa upokojil a rozhodol som sa vrátiť na poschodie. Pomaly som sa dostala do kuchyne a videla som, že pavúk je preč. Tak veľmi sa mi uľavilo! Vrátil som sa dolu a rozhodol som sa ísť von preskúmať **dvor**. Bol taký veľký! Nemohla som tomu uveriť. V rohu som uvidela hojdačku a šmýkačku. Videla som aj basketbalovú sieť a **trampolínu**. Bol som taký nadšený!

Nemôžem sa dočkať, až budem môcť používať všetky tieto nové veci. **Susedia** prišli a predstavili sa. Vyzerali veľmi milo a chvíľu sme sa rozprávali. Pozvali ma na budúci víkend na grilovačku a ja som povedal, že rád prídem. Prvý týždeň v novom dome bol skvelý a teším sa na všetky nové dobrodružstvá, ktoré ma čakajú.

Het Huis

Ik ben vorige week in mijn nieuwe huis getrokken, en ik ben zo **opgewonden**! Het is zoveel groter dan mijn oude, en het heeft een grote achtertuin. Ik kan niet wachten om vrienden uit te nodigen voor BBQ's en feestjes. Mijn **favoriete** deel is mijn nieuwe slaapkamer. Hij is zo groot en licht, en ik heb veel ruimte om al mijn spullen op te bergen. Ik ben echt blij met mijn nieuwe huis en ik denk dat ik hier heel gelukkig zal zijn. Ik besloot om het huis nog wat verder te verkennen. Ik ging naar boven naar de tweede verdieping en ging op weg naar de keuken toen ik een grote zwarte spin op de muur zag! Ik gilde en rende naar beneden. Ik was zo **bang**! Maar na een paar minuten was ik gekalmeerd en besloot ik terug naar boven te gaan. Ik ging langzaam naar de keuken en zag dat de spin weg was. Ik was zo opgelucht! Ik ging terug naar beneden en besloot naar buiten te gaan om de **achtertuin te verkennen**. Hij was zo groot! Ik kon het niet geloven. Ik zag een schommel in de hoek en een glijbaan. Ik zag ook een basketbalnet en een **trampoline**. Ik was zo opgewonden!

Ik kan niet wachten om al deze nieuwe spullen te gebruiken. De **buren** kwamen langs en stelden zich voor. Ze leken erg aardig, en we hebben een tijdje gepraat. Ze nodigden me uit voor hun BBQ volgend weekend, en ik zei dat ik graag zou komen. Ik had een

Dnes sa opäť chystám preskúmať dvor a zistiť, čo
ešte nájdem. Kto vie, možno nájdem aj nejaký **poklad**.
Už sa neviem dočkať, čo prinesie nasledujúci týždeň!
Nasledujúci týždeň som sa opäť vydal na prieskum na
dvor a našiel som **tajnú** záhradu. Bola taká krásna!
Všade boli kvety a malé jazierko s rybami. Videla som
aj hojdačku, ktorú som predtým nevidela. Bola som
taká nadšená, že som našla túto tajnú záhradu, a už sa
neviem dočkať, kedy ju budem môcť preskúmať viac.
Bola taká **krásna**!

Všade boli kvety a malé jazierko s rybami. Videl som
aj hojdačku, ktorú som predtým nevidel. Bola som taká
nadšená, že som našla túto tajnú záhradu, a už sa
neviem dočkať, kedy ju budem môcť preskúmať viac.
Páčila sa mi aj moja nová izba. Bola taká veľká a svetlá
a na stenách už boli plagáty mojich obľúbených skupín.
Dokonca som si ani nemusela priniesť žiadny vlastný
nábytok, pretože tu už bola posteľ, komoda a stôl. Toto
bude ten najlepší rok! Bola som trochu nervózna z toho,
že začínam v novej **škole,** ale všetci moji noví susedia
boli veľmi priateľskí. Dokonca som sa zoznámila s
dievčaťom, ktoré býva vedľa, a hovorí, že so mnou
pôjde v prvý deň do školy pešo.

geweldige eerste week in mijn nieuwe huis, en ik ben opgewonden over alle nieuwe avonturen die in het verschiet liggen. Vandaag ga ik weer op verkenning in de achtertuin en kijken wat ik nog meer kan vinden. Wie weet, misschien vind ik wel een **schat**. Ik kan niet wachten om te zien wat de volgende week brengt! De volgende week ging ik weer op verkenning in de achtertuin, en ik vond een **geheime** tuin. Het was zo mooi! Er waren overal bloemen en een kleine vijver met vissen erin. Ik zag ook een schommel die ik nog niet eerder had gezien. Ik was zo opgewonden toen ik deze geheime tuin vond, en ik kan niet wachten om hem verder te verkennen. Het was zo **mooi**!

Er waren overal bloemen en een kleine vijver met vissen erin. Ik zag ook een **schommel** die ik nog niet eerder had gezien. Ik was zo opgewonden toen ik deze geheime tuin vond, en ik kan niet wachten om hem verder te verkennen. Ik vond mijn nieuwe kamer ook geweldig. Hij was zo groot en licht, en er hingen al posters van mijn favoriete bands aan de muur. Ik hoefde niet eens mijn eigen **meubels** mee te nemen, want er stonden al een bed, een dressoir en een bureau. Dit wordt het beste jaar ooit! Ik was een beetje nerveus om op een nieuwe **school** te beginnen, maar al mijn nieuwe buren zijn zo vriendelijk. Ik heb zelfs een meisje ontmoet dat naast me woont, en ze zegt dat ze op mijn eerste dag met me naar school zal lopen.

Otázky na porozumenie

1. Kde daná osoba žije?

2. Ako sa mu páči v novom dome?

3. Aká je obľúbená časť nového domu?

4. Čo našiel človek v záhrade?

5. Kto sú susedia?

6. Aké boli prvé dni v novom dome?

7. Aká je obľúbená časť novej izby?

8. Čo plánuje táto osoba robiť zajtra?

9. Čo bolo najlepšie na prvom týždni v novom dome?

10. Čo všetko sa nachádza v novej izbe tejto osoby?

Begrip vragen

1. Waar woont de persoon?

2. Hoe vindt de persoon het in het nieuwe huis?

3. Wat is het favoriete deel van het nieuwe huis van de persoon?

4. Wat heeft de persoon in de tuin gevonden?

5. Wie zijn de buren?

6. Hoe voelde de persoon zich de eerste dagen in het nieuwe huis?

7. Wat is het favoriete deel van de nieuwe kamer van de persoon?

8. Wat is de persoon van plan morgen te doen?

9. Wat was het beste deel van de eerste week van de persoon in het nieuwe huis?

10. Wat is er allemaal in de nieuwe kamer van de persoon?

Vo vlaku

Bežala som na vlakovú stanicu, ale prišla som neskoro. Vlak už odišiel bezo mňa. Cítila som sa taká **nahnevaná** a **sklamaná** sama zo seba. Plánovala som ísť vlakom na návštevu starých rodičov, ktorí žijú na vidieku, ale teraz som musela čakať celú hodinu na ďalší vlak. Namiesto toho som sa rozhodla, že sa budem chvíľu prechádzať po meste, a snažila som sa zabudnúť na svoju premárnenú príležitosť. Počas prechádzky som začal **snívať o** všetkých miestach, kam vás **vlak** môže zaviesť. Zrazu som už nebol taký rozrušený. Vrátil som sa na stanicu a nemohol som si nevšimnúť veľkú červeno-bielo-modrú lokomotívu, ktorá si razí cestu ku mne. Až keď vidím **sprievodcu, ako na** mňa máva z okna, uvedomím si, že tento vlak je určený pre mňa. Nastúpim do vlaku, nájdem si miesto a usadím sa na miesto, ktoré sľubuje dlhú cestu.

Keď vychádzame zo stanice, nemôžem si pomôcť a premýšľam, kam ma tento vlak zavezie. Cez zelené **polia** a cez modré rieky, okolo hôr a údolí, nevedno, kam tento starý vlak pôjde. Keď sa začne stmievať, upadám do **pokojného** spánku, ukolísaný **rytmickým** pohybom vagónov na koľajniciach pod nami. Keď opäť nastane ráno, otvorím oči a zistím, že sme dorazili do malého mestečka kdesi uprostred ničoho. Slnko práve

In de trein

Ik rende naar het treinstation, maar ik was te laat.
De trein was al vertrokken zonder mij. Ik voelde me
zo **boos** en **teleurgesteld** in mezelf. Ik was van plan
om met de trein naar mijn grootouders te gaan die
op het platteland wonen, maar nu moest ik een heel
uur wachten op de volgende trein. Ik besloot in plaats
daarvan een eindje door de stad te lopen en probeerde
mijn gemiste kans te vergeten. Terwijl ik liep, begon
ik **te dagdromen** over alle plaatsen waar **treinen** je
kunnen brengen. Plotseling was ik niet meer zo van
streek. Ik liep terug naar het station en zag de grote
rood-wit-blauwe locomotief die op me af kwam rijden.
Pas als ik de **conducteur** vanuit het raam naar me zie
zwaaien, realiseer ik me dat deze trein voor mij is. Ik
stap in de trein en zoek een zitplaats. Ik ga zitten voor
wat een lange reis belooft te worden.

Terwijl we het station uitrijden, vraag ik me af waar deze
trein me heen zal brengen. Door groene **velden** en over
blauwe rivieren, langs bergen en valleien, het is niet
te zeggen waar deze oude trein heen zal gaan. Als de
nacht begint te vallen, drijf ik weg in een **vredige** slaap,
gewiegd door de **ritmische** beweging van de wagons
op de sporen beneden. Als het weer ochtend wordt,
open ik mijn ogen en zie dat we in een klein stadje

vykukuje nad obzor, keď sa miestni obyvatelia začínajú motať po hlavnej ulici; vyzerá to tu ako každý iný deň, až na jednu vec - pri radnici je vyvesená veľká tabuľa s nápisom "Vitajte na palube!" Zdá sa, že toto mestečko nás už dlho očakáva, hoci sme len obyčajný **osobný** vlak, ktorý tadiaľto prechádza na svojej ceste. Keď opäť nechávame mesto za sebou a rútime sa ktovie kam, usmievam sa na všetky tie priateľské tváre, ktoré nám mávajú na rozlúčku z tých malých domčekov učupených medzi **poľnohospodárskymi pozemkami** - je naozaj úžasné, ako niečo také zdanlivo obyčajné môže priniesť toľko radosti už len tým, že tadiaľ prechádzame. A potom sú tu, samozrejme, **deti**.

Vykloním sa z okna svojej lokomotívy. Vždy ma potešia svojimi žiariacimi očami a veľkými úsmevmi. Energicky som im zamávala späť, kým som sa vrátila do svojej **kabíny** a posadila sa. Bol to už dlhý deň, ale ešte sa neskončil; do **cieľa** našej cesty zostáva ešte niekoľko hodín. Vytiahnem si knihu a začnem čítať, nechám sa rytmickým hojdaním vlaku ukolísať do pokojného stavu. Z času na čas sa pozriem na scenériu, ktorá prechádza okolo - nikdy sa neomrzí, nech ju vidím koľkokrát chcem. Nakoniec sa začne stmievať a v diaľke sa začnú objavovať **blikajúce** svetlá; už sa blížime. Čoskoro vchádzame do stanice a zastavujeme.

ergens in niemandsland zijn aangekomen. De zon komt net boven de horizon als de plaatselijke bevolking zich in de hoofdstraat begint te mengen; het ziet er hier uit als elke andere dag, behalve één ding - er hangt een groot bord bij het stadhuis met de tekst "Welkom aan boord!" Het lijkt erop dat dit stadje ons verwacht, ook al zijn we maar een gewone passagierstrein op doorreis naar elders. Terwijl we de stad weer achter ons laten, op weg naar wie weet waar, glimlach ik om al die vriendelijke gezichten die ons uitzwaaien vanuit die kleine huisjes tussen **het boerenland -** het is echt verbazingwekkend hoe iets dat zo gewoon lijkt, zoveel vreugde kan brengen door er gewoon langs te rijden. En dan, natuurlijk, zijn er de **kinderen**.

Ik leun uit het raam van mijn locomotief. Ze maken me altijd zo blij met hun stralende ogen en grote grijnzen. Ik zwaai energiek naar ze terug voordat ik terugga naar mijn **cabine** en ga zitten. Het was al een lange dag, maar hij is nog niet voorbij; het duurt nog een paar uur voordat we onze **eindbestemming** bereiken. Ik pak mijn boek en begin te lezen, terwijl het ritmische schommelen van de trein me in een vredige toestand brengt. Af en toe kijk ik op naar het landschap dat buiten aan me voorbijtrekt - het verveelt nooit, hoe vaak ik het ook zie. Uiteindelijk begint de nacht te vallen en verschijnen er **twinkelende** lichtjes in de verte; we komen nu in de buurt. Snel genoeg rijden we het station binnen en komen tot stilstand.

Otázky na porozumenie

1. Kam ide vlak?

2. Kto cestuje vlakom?

3. Kedy odchádza vlak?

4. Ako sa hlavný hrdina dostane do vlaku?

5. Odkiaľ prichádza vlak?

6. Kam pôjde vlak ďalej?

7. Kedy dorazili cestujúci?

8. Ako sa cíti hlavný hrdina, keď mu ujde vlak?

9. Ako reaguje rušňovodič, keď uvidí hlavného hrdinu?

10. Prečo má hlavný hrdina rád vlaky?

Begrip vragen

1. Waar gaat de trein heen?

2. Wie reist er met de trein?

3. Wanneer vertrekt de trein?

4. Hoe komt de hoofdpersoon op de trein?

5. Waar komt de trein vandaan?

6. Waar gaat de trein nu heen?

7. Wanneer zijn de passagiers aangekomen?

8. Hoe voelt de hoofdpersoon zich als hij de trein mist?

9. Hoe reageert de treinmachinist als hij de hoofdpersoon ziet?

10. Waarom houdt de hoofdpersoon van treinen?

Varenie večere

Je päť hodín popoludní a ja idem domov z práce. **Teším sa na** pokojný večer doma s partnerom. Spoločne si uvaríme večeru a potom budeme po zvyšok večera len relaxovať. Je príjemné vedieť, že dnes **večer** nemám žiadne plány ani povinnosti. Prídem domov a môj partner je už v kuchyni a začína pripravovať našu večeru. **Úžasne** to tu vonia! Počas varenia sa rozprávame, dohovárame si o svojich dňoch a zdieľame malé príbehy z nášho pracovného života. Kuchyňa je moja najobľúbenejšia miestnosť v našom byte. Milujem varenie a obzvlášť rada varím so svojím partnerom. Vždy sa tu dobre bavíme, smejeme sa a vtipkujeme, kým varíme. Navyše, keď pracujeme **spolu,** jedlo je vždy **neuveriteľné**.

Dnes večer pripravujeme jeden z mojich najobľúbenejších receptov: **kuracie** mäso s parmezánom. Môj partner začne s obaľovaním kurčaťa, zatiaľ čo ja dám variť omáčku na **sporáku**. Pracujeme spolu ako dobre namazaný stroj a o chvíľu je večera pripravená na podávanie. Sadneme si k nášmu malému kuchynskému stolu s **taniermi** plnými kuracieho parmezánu, cestovín a šalátu. Cinkneme pohármi a zoberieme si prvé sústo - a je to **božské**! Kura je zvonka chrumkavé, ale vnútri šťavnaté, omáčka

Diner koken

Het is nu 5 uur 's middags en ik loop van mijn werk naar huis. Ik kijk **uit** naar een rustige avond thuis met mijn partner. We zullen samen eten koken en dan de rest van de avond ontspannen. Het voelt goed om te weten dat ik deze **avond** geen plannen of verplichtingen heb. Ik kom thuis en mijn partner is al in de keuken om ons eten klaar te maken. Het ruikt hier geweldig! We kletsen terwijl we koken, praten bij over elkaars dagen en delen kleine verhalen uit ons werkleven. De keuken is mijn favoriete kamer in ons appartement. Ik hou van koken, en vooral van koken met mijn partner. We hebben het hier altijd zo gezellig, we lachen en maken grapjes terwijl we koken. En het eten is altijd **heerlijk** als we **samenwerken**.

Vanavond maken we een van m'n lievelingsrecepten: Parmezaanse kip. Mijn partner begint met het paneren van de kip, terwijl ik de saus op het **fornuis** laat pruttelen. We werken samen als een goed geoliede machine en al snel is het eten klaar om op te dienen. We gaan aan onze kleine keukentafel zitten met **borden** vol met Parmezaanse kip, pasta en salade. We klinken op de glazen en nemen onze eerste hap, en het is **hemels**! De kip is knapperig van buiten maar sappig van binnen; de saus is smaakvol en perfect;

je aromatická a dokonalá, cestoviny sú uvarené al dente... dnes večer chutí všetko úplne dokonale. Obaja vieme, že toto bol jeden z tých večerov, keď sa všetko dokonale zladilo a my **si vychutnávame** každé sústo nášho lahodného jedla. Chutilo to ešte lepšie, ako to voňalo - čo bolo sakra dobré! Jedlo dojeme pomerne rýchlo, pretože ani jeden z nás dnes nie je obzvlášť hladný, ale neponáhľame sa a vychutnávame si ešte niekoľko **pohárov** vína, pričom sa zľahka rozprávame na tú a tú tému. Po večeri spoločne rýchlo upratujeme a potom sa presunieme do obývačky, kde strávime nejaký čas **objatím** na gauči pri sledovaní televízie.

Je to taký príjemný pocit byť si nablízku po dlhom dni strávenom v **práci**. Cítim sa spokojná. Aj keď sme nemali rušný večer, bolo príjemné stráviť spolu nejaký čas bez toho, aby sme museli opustiť dom. Pozreli sme si film a išli sme skoro spať s pocitom **spokojnosti s** našou jednoduchou nocou. Toto sa stalo jednou z našich **najobľúbenejších** činností počas večerov, keď sa nám nechce ísť von - jednoducho si oddýchnuť doma a užívať si vzájomnú spoločnosť pri domácom jedle. Je vždy príjemné vedieť, že sa sem môžeme vrátiť po dlhom dni a byť sami sebou.

de pasta is al dente gekookt... alles smaakt absoluut perfect vanavond. We weten allebei dat dit een van die avonden was waarop alles perfect samenkwam en we **genieten van** elke laatste hap van onze heerlijke maaltijd. Het smaakte nog beter dan het rook, en dat was verdomd goed! We eten relatief snel, omdat geen van ons beiden vandaag honger heeft, maar we nemen de tijd om nog een paar **glazen** wijn te drinken terwijl we luchtig kletsen over van alles en nog wat. Na het eten ruimen we snel samen op en gaan dan naar de woonkamer, waar we een poosje **knuffelen** op de bank terwijl we TV kijken.

Het voelt zo fijn om dicht bij elkaar te zijn na een lange dag apart **werken**. Ik voel me voldaan. Ook al hadden we geen avond vol belevenissen, het was fijn om gewoon wat tijd met elkaar door te brengen zonder het huis uit te hoeven. We keken een film en gingen vroeg naar bed, met een **voldaan** gevoel over onze eenvoudige avond. Dit is een van onze **favoriete** dingen geworden om te doen op avonden dat we niet uit willen gaan - gewoon thuis ontspannen en genieten van elkaars gezelschap tijdens een zelfgekookte maaltijd. Het is altijd fijn om te weten dat we hier na een lange dag kunnen terugkomen en gewoon onszelf kunnen zijn.

Otázky na porozumenie

1. Odkiaľ pochádza rozprávač?

2. Čo robí rozprávač po práci?

3. Čo rozprávač jedáva na večeru?

4. Prečo má rozprávač rád kuchyňu?

5. Aký druh jedla dvojica varí?

6. Ako sa rozprávač cíti na konci večera?

7. Čo robí pár najradšej?

8. Čo robia manželia, keď sú unavení?

9. Kde spia?

10. Prečo rozprávač rád zostáva doma?

Begrip vragen

1. Waar komt de verteller vandaan?

2. Wat doet de verteller na het werk?

3. Wat eet de verteller als avondeten?

4. Waarom houdt de verteller van de keuken?

5. Wat voor gerecht kookt het stel?

6. Hoe voelt de verteller zich aan het eind van de avond?

7. Wat is het favoriete ding van het koppel om te doen?

8. Wat doet het stel als ze moe worden?

9. Waar slapen ze?

10. Waarom blijft de verteller graag thuis?

Chôdza domov

Keď som išiel z práce domov, bola **pokojná** noc. Ako som kráčal, nemohol som si pomôcť a usmieval som sa pri spomienkach. Bol to dobrý pocit byť späť v mojej starej štvrti. Zamával som niekoľkým známym a oni mi zamávali späť. Bolo dobré byť doma. Prechádzal som okolo svojej starej školy a **spomínal som na** všetky tie pekné chvíle, ktoré som prežil so svojimi priateľmi. Vždy sme sa spolu vracali domov a rozprávali sa o svojom dni. **Niekedy** sme sa zastavili na zmrzlinu alebo sme išli do parku. To boli tie najlepšie časy. Tie časy mi chýbajú. Ale teraz mám svoju vlastnú rodinu a som so svojím životom spokojná. Som rada, že sa môžem pozrieť späť na tie spomienky a usmievať sa. Sú súčasťou môjho života, ktorú si budem vždy vážiť. Boli to tie najlepšie časy. Tie časy mi chýbajú. Ale teraz mám svoju vlastnú rodinu a som spokojný so svojím životom. Som rád, že sa môžem na tie **spomienky** pozrieť a usmievať sa. Sú súčasťou môjho života, ktorú si budem vždy vážiť.

Kráčam ďalej a myslím na pekné chvíle, ktoré som prežil s priateľmi. Viem, že ich čoskoro opäť uvidím. Smerujem k svojmu domovu a rozhodnem sa prejsť cez neďaleký park. Slnko zapadá a obloha sa sfarbuje do **krásnej** oranžovej farby. Park je prázdny, až na niekoľko vtákov štebotajúcich na stromoch. Zhlboka **sa**

Walking Home

Het was een **rustige** avond toen ik van mijn werk naar huis liep. Terwijl ik liep, kon ik niet anders dan glimlachen bij de herinneringen. Het voelde goed om terug in mijn oude buurt te zijn. Ik zwaaide naar een paar mensen die ik kende, en zij zwaaiden terug. Het was goed om thuis te zijn. Ik liep langs mijn oude school en **herinnerde me** alle leuke tijden die ik had met mijn vrienden. We liepen altijd samen naar huis en praatten over onze dag. **Soms** stopten we om een ijsje te halen of gingen we naar het park. Dat waren de beste tijden. Ik mis die tijden. Maar nu heb ik mijn eigen familie en ik ben blij met mijn leven. Ik ben blij dat ik op die herinneringen kan terugkijken en glimlachen. Ze zijn een deel van mijn leven dat ik altijd zal koesteren. Dat waren de beste tijden. Ik mis die tijden. Maar nu heb ik mijn eigen familie en ben ik gelukkig met mijn leven. Ik ben blij dat ik kan terugkijken op die **herinneringen** en kan glimlachen. Ze zijn een deel van mijn leven dat Ik altijd zal koesteren.

Ik blijf lopen, denkend aan de goede tijden die ik had met mijn vrienden. Ik weet dat ik ze snel weer zal zien. Ik ga richting mijn huis en besluit door een park in de buurt te lopen. De zon gaat onder en de lucht kleurt **prachtig** oranje. Het park is leeg, behalve een

nadýchnem a usmejem sa. Ako prechádzam parkom, vidím, ako sa po oblohe tiahne padajúca hviezda. Vyslovím želanie na tú hviezdu a pokračujem v chôdzi. Premýšľam o svojom dni v práci a o tom, aký bol **pokojný.** Usmievam sa sama na seba a myslím na to, aké mám šťastie, že mám takú skvelú prácu. Kráčam domov a na pokožke **cítim** chladný nočný vzduch. Cítim sa taká živá a šťastná, len si užívam jednoduchý akt chôdze domov počas pokojnej noci.

Cítil som sa tak dobre, že som **si** začal **pískať.** Prešiel som okolo niekoľkých ľudí na ulici, ale všetci si hľadeli svojho.

Zahol som za roh svojej ulice a uvidel som susedovho kocúra, pána Whiskersa, sedieť na verande. Pozdravil som ho a on mi mňaučal naspäť. **Odomkol** som dvere a vošiel dovnútra. Bol som taký šťastný, že som doma. Zul som si topánky a pripravil som sa do postele. V ten večer som išla spať s pocitom šťastia a vďačnosti, so srdcom plným lásky. Celú noc som pokojne spala a nič ma netrápilo. Prebudila som sa z pokojného spánku a **privítalo ma** slnko, ktoré svietilo cez okno. Vstala som z postele, pretiahla sa, zhlboka sa nadýchla a cítila, ako mi pľúca napĺňa chladný vzduch. Podišla som k oknu a pozrela sa von, počula som štebot vtákov a hru **veveričiek.** Usmiala som sa a išla som sa obliecť, cítila som sa šťastná a spokojná.

paar vogels die in de bomen tjilpen. Ik haal diep **adem** en glimlach. Terwijl ik door het park loop, zie ik een vallende ster door de lucht scheren. Ik doe een wens op die ster, en loop verder. Ik denk aan mijn dag op het werk en hoe **vredig** het was. Ik glimlach in mezelf, denkend aan hoe gelukkig ik ben dat ik zo'n geweldige baan heb. Ik loop naar huis en **voel** de koele nachtlucht op mijn huid. Ik voel me zo levendig en gelukkig, gewoon genietend van de eenvoudige handeling van het naar huis lopen op een vredige avond.
Ik voelde me zo goed, dat ik begon te **fluiten**. Ik liep langs een paar mensen op straat, maar ze bemoeiden zich allemaal met hun eigen zaken.

Ik draaide de hoek van mijn straat om en zag de kat van mijn buren, Mr. Whiskers, op mijn veranda zitten. Ik zei hem gedag en hij miauwde terug. Ik **deed** mijn deur **van het slot** en ging naar binnen. Ik was zo blij om thuis te zijn. Ik trok mijn schoenen uit en maakte me klaar om naar bed te gaan. Ik ging die avond naar bed met een blij en dankbaar gevoel, mijn hart vol liefde. Ik sliep de hele nacht rustig door, zonder me ergens zorgen over te maken. Ik werd wakker uit een rustgevende slaap en werd **begroet** door de zon die door mijn raam naar binnen scheen. Ik stapte uit bed en rekte me uit, haalde diep adem en voelde hoe de koele lucht mijn longen vulde. Ik liep naar mijn raam en keek naar buiten, hoorde de vogels kwetteren en de **eekhoorns** spelen. Ik glimlachte en kleedde me aan, blij en tevreden.

Otázky na porozumenie

1. Čo robil hlavný hrdina, keď sa príbeh začal?

2. Na čo myslel hlavný hrdina, keď kráčal domov?

3. Čo robil hlavný hrdina s priateľmi po škole?

4. Čo hlavnému hrdinovi chýba v tých časoch?

5. Čo si myslí hlavný hrdina o svojom súčasnom živote?

6. Čo urobí hlavný hrdina, keď uvidí padajúcu hviezdu?

7. Ako sa cíti hlavný hrdina, keď kráča domov?

8. Čo urobí hlavný hrdina, keď sa vráti domov?

9. Ako sa cíti hlavný hrdina, keď sa na druhý deň ráno zobudí?

10. Čo robí hlavný hrdina na druhý deň?

Begrip vragen

1. Wat was de hoofdpersoon aan het doen toen het verhaal begon?

2. Waar dacht de hoofdpersoon aan toen hij naar huis liep?

3. Wat deed de hoofdpersoon vroeger met vrienden na school?

4. Wat mist de hoofdpersoon van die tijd?

5. Wat vindt de hoofdpersoon van zijn huidige leven?

6. Wat doet de hoofdpersoon als hij een vallende ster ziet?

7. Hoe voelt de hoofdpersoon zich als ze naar huis lopen?

8. Wat doet de hoofdpersoon als ze thuiskomen?

9. Hoe voelt de hoofdpersoon zich als hij de volgende ochtend wakker wordt?

10. Wat doet de hoofdpersoon de volgende dag?

Hrad

Rodina vždy túžila navštíviť starý zámok v **Nemecku** a nakoniec sa vybrala na cestu. Neboli **sklamaní**. Zámok bol nádherný a tešili sa z prehliadky jeho mnohých miestností a chodieb. Prvé, čo ich zarazilo, bola vôňa. Našli v ňom **pleseň**, vlhkosť a ešte niečo, čo nevedeli presne pomenovať. Druhou vecou bol zvuk. Kamenné múry sú síce hrubé, ale zvuk úplne neutlmia. Počuli každý krok, každé slovo vyslovené normálnym hlasom a občasné kvapkanie vody **kdesi v** diaľke. Keď sa ich oči prispôsobili slabému svetlu, uvideli okolo seba mohutné kamenné steny, z ktorých viseli gobelíny v **roztrhaných** kusoch. Stáli v obrovskej sále s vysokým stropom podopretým vyrezávanými stĺpmi. Páčil sa im aj výhľad z vežičiek a deti sa výborne zabávali pri pobehovaní po areáli. Kým skončili s prieskumom hradu, začalo zapadať **slnko a** oľutovali, že si so sebou nevzali **baterku**. Rozhodli sa, že sa vrátia ku vchodu, ale čoskoro zistili, že sa stratili. Blúdili tu akoby celé hodiny, až napokon narazili na dvere, ktoré viedli von. Pokračovali ďalej, až kým nedošli **na** koniec chodby a neprišli k impozantným dvojitým dverám. Nech sa snažili akokoľvek, dvere sa nedali pohnúť. **Zlovestne** hrkotali, ale nepohli sa ani o milimeter. Vyzeralo to, že ten, kto tu bol predtým, musel prejsť tadiaľto a zamknúť ich zvnútra. Nakoniec našli cestu von. Keď vyšli na chladný nočný vzduch, zaplavila ich úľava.

Het kasteel

De familie had altijd al eens een oud kasteel in **Duitsland** willen bezoeken, en eindelijk hebben ze de reis gemaakt. Ze werden niet **teleurgesteld**. Het kasteel was prachtig, en ze genoten van het verkennen van de vele kamers en gangen. Het eerste wat hen trof was de geur. Ze vonden **schimmel**, vochtigheid, en iets anders waar ze hun vinger niet op konden leggen. Het tweede was het geluid. Stenen muren zijn dik, maar ze dempen het geluid niet volledig. Ze hoorden elke voetstap, elk woord dat met een normale stem werd gesproken, en af en toe een druppeltje water **ergens** in de verte. Toen hun ogen zich aanpasten aan het zwakke licht, zagen zij overal om hen heen massieve stenen muren opdoemen, waaraan wandtapijten in flarden hingen. Ze stonden in een enorme hal met een hoog plafond, ondersteund door gebeeldhouwde pilaren. Ze hielden ook van het uitzicht vanaf de torentjes, en de kinderen vermaakten zich met rondrennen over het terrein. De **zon** begon al onder te gaan tegen de tijd dat ze klaar waren met het verkennen van het kasteel, en ze betreurden het dat ze geen **zaklamp** hadden meegenomen. Ze besloten om terug te gaan naar de ingang, maar al snel waren ze verdwaald. Ze dwaalden urenlang rond, tot ze eindelijk een deur tegenkwamen die naar buiten leidde. Ze liepen door tot ze **aan het** eind van de gang

Slnko začalo zapadať a oni **ľutovali,** že si nevzali
baterku. Rozhodli sa vrátiť ku vchodu, ale čoskoro zistili,
že sa stratili. Blúdili akoby celé hodiny, až napokon
narazili na dvere, ktoré viedli **von**. Keď vyšli na chladný
nočný vzduch, zaplavila ich úľava. Nasledujúci večer
si na prieskum zvyšku hradu vzali so sebou baterku.
Prešli cez **nádvorie až** k rieke, ktorá tiekla za hradbami.
Ako sa prechádzali, začali počuť zvláštne zvuky. Znie
to, akoby ich niekto sledoval. Zrýchlili krok, ale zvuky
boli čoraz hlasnejšie a bližšie. Rodina sa rozbehla späť
do hradu, ako najrýchlejšie vedela, a s úľavou zistila, že
postava v **tmavom** plášti ich nesledovala.

kwamen bij een imposant stel dubbele deuren. Hoe ze ook probeerden, de deuren wilden niet bewegen. Ze rammelden **onheilspellend**, maar bewogen geen centimeter. Het leek erop dat degene die hier eerder was, hier doorheen was gegaan en ze van binnenuit had afgesloten. Uiteindelijk vinden ze een uitweg. Opluchting overspoelde hen toen ze naar buiten stapten in de koele nachtlucht.

De zon begon onder te gaan en zij **betreurden het** dat zij geen zaklamp hadden meegenomen. Ze besloten terug te gaan naar de ingang, maar al gauw waren ze verdwaald. Ze dwaalden urenlang rond, tot ze eindelijk een deur tegenkwamen die **naar buiten** leidde. Opluchting overviel hen toen ze naar buiten stapten in de koele nachtlucht. De volgende avond namen ze een zaklamp mee om de rest van het kasteel te verkennen. Ze liepen over de **binnenplaats** en naar de rivier die achter de kasteelmuren stroomde. Terwijl ze rondliepen, begonnen ze vreemde geluiden te horen. Het klonk alsof iemand hen volgde. Ze versnelden hun pas, maar de geluiden werden luider en dichterbij. De familie rende zo snel als ze konden terug naar het kasteel, en ze waren opgelucht toen ze zagen dat de figuur in de **donkere** mantel hen niet was gevolgd.

Otázky na porozumenie

1. Čo urobila rodina, keď sa stratila na hrade?

2. Ako sa cítila rodina, keď zistila, že to bol len miestny muž?

3. Čo urobil muž, kvôli ktorému ho zatkli?

4. Aký bol rozsudok pre tohto muža?

5. Aký hluk počula rodina počas prechádzky?

6. Kde bola postava v tmavom plášti, keď ju rodina uvidela?

7. Čo robila rodina, keď sa vrátila do svojej izby?

8. Kedy sa rodina opäť vybrala na prehliadku hradu?

9. Čo bola tá vec, na ktorú rodina nevedela prísť?

10. Čo robila rodina predtým, ako sa opäť vydala na prieskum hradu?

Begrip vragen

1. Wat deed de familie toen ze verdwaald waren in het kasteel?

2. Hoe voelde de familie zich toen ze erachter kwamen dat het gewoon een lokale man was?

3. Wat heeft de man gedaan waardoor hij gearresteerd is?

4. Wat was de straf voor de man?

5. Welk geluid hoorde de familie tijdens de wandeling?

6. Waar was de figuur in de donkere mantel toen de familie hem zag?

7. Wat deed de familie toen ze terugkwamen in hun kamer?

8. Wanneer ging de familie het kasteel weer verkennen?

9. Wat was het ding waar de familie hun vinger niet op konden leggen?

10. Wat deed de familie voordat ze weer op verkenning gingen in het kasteel?

Moja záhrada

Moja záhrada je moje šťastné miesto. Chodím do nej každý deň, či prší alebo svieti slnko, a trávim čas starostlivosťou o svoje rastliny. Mám tam od **všetkého trochu - zeleninu,** ovocie, kvety, bylinky. Dokonca mám aj niekoľko sliepok, ktoré mi pomáhajú držať škodcov na uzde. Dni v záhrade začínam zbieraním vajec od sliepok. Potom skontrolujem zeleninu, či má dostatok vody a slnka. Vyplejem záhony a pozbieram všetky chrobáky, ktoré by mohli rastliny **napadnúť.** Keď je o **všetko postarané,** sadnem si a užívam si pokoj a ticho prírody.

Vždy som rád trávil čas v záhrade. Je to niečo, čo ma obklopuje, keď som obklopená prírodou a všetkou tou **krásou, ktorú** ponúka. Je to pre mňa veľmi pokojné a upokojujúce miesto. Často trávim čas v záhrade, len tak relaxujem a vychutnávam si scenériu. Tiež ma baví pracovať v záhrade a pestovať veci. Mám celkom veľkú záhradu a rád v nej pestujem **rôzne** veci. Pestujem kvety, **zeleninu** a bylinky. Mám aj niekoľko ovocných stromov, ktoré rodia vynikajúce jablká, hrušky a slivky. Okrem pestovania rád trávim čas aj prechádzkami po záhrade a **obdivujem** rôzne rastliny a živočíchy, ktoré sú v nej doma. V priebehu rokov som strávil mnoho hodín prácou na tom, aby sa moja **záhrada**

Mijn tuin

Mijn tuin is mijn geluksplek. Ik ga er elke dag heen, regen of zonneschijn, en besteed tijd aan het verzorgen van mijn planten. Ik heb een beetje van **alles:** **groenten**, fruit, bloemen, kruiden. Ik heb zelfs een paar kippen die helpen het ongedierte op afstand te houden. Ik begin mijn dagen in de tuin met het rapen van eieren bij de kippen. Dan controleer ik mijn groenten en zorg ervoor dat ze genoeg water en zon krijgen. Ik wied de bedden en verwijder insecten die de planten kunnen **aanvallen**. Als **alles** is gedaan, leun ik achterover en geniet van de rust en stilte van de natuur.

Ik heb altijd graag tijd doorgebracht in mijn tuin. Er is iets met het omringd zijn door de natuur en al het **moois** dat zij te bieden heeft. Ik vind het een heel vredige en kalmerende plek. Ik breng vaak tijd door in mijn tuin, gewoon om te ontspannen en te genieten van het landschap. Ik geniet er ook van om in mijn tuin te werken en dingen te kweken. Ik heb een behoorlijk grote tuin, en ik kweek er graag **verschillende** dingen in. Ik kweek bloemen, **groenten** en kruiden. Ik heb ook een paar fruitbomen die heerlijke appels, peren en pruimen voortbrengen. Naast het kweken van dingen, vind ik het ook leuk om gewoon in mijn tuin rond te lopen en de verschillende planten en dieren te

stala nielen krásnym, ale aj funkčným miestom. Rád pozorujem vtáky, ktoré poletujú okolo, a počúvam ich spev. Niekedy si dokonca vytiahnem knihu a čítam si v záhrade obklopený všetkou tou krásou, ktorú som vytvoril. **Záhradkárčenie** je mojou vášňou a prináša mi veľa radosti. Každý deň v mojej záhrade je dobrý deň.

Jednou z vecí, ktoré rada robím, je varenie, preto je pre mňa veľmi **dôležité** mať dobre zásobenú bylinkovú záhradu. Tymián, bazalka, oregano, rozmarín, šalvia a levanduľa sú len niektoré z byliniek, ktoré rada pestujem vo svojej záhrade, aby som ich mohla používať pri príprave jedál pre seba alebo pre **hostí**. Ďalšou vecou, ktorá je pre mňa dôležitá, keď ide o moju záhradu, je zabezpečiť, aby v nej bolo veľa farieb. Na dosiahnutie tohto cieľa pestujem širokú škálu kvetov vrátane **ruží,** ľalií, sedmokrások, tulipánov, impatiens, nechtíkov atď. Okrem pridávania farieb pomocou kvetov rada pridávam aj zaujímavosť používaním rôznych **textúr** v celej záhrade. Môžem napríklad vysadiť paprade pod vysoké slnečnice alebo hostie **vedľa** ostnatých okrasných tráv. Bez ohľadu na to, čo sa v živote deje, práca v záhrade mi vždy pomôže cítiť sa viac spätý s prírodou a v pokoji so sebou samým.

bewonderen die er wonen. Ik heb in de loop der jaren vele uren besteed om van mijn **tuin** een plek te maken die niet alleen mooi is, maar ook functioneel. Ik kijk graag naar de vogels die rondfladderen en luister naar hun gezang. Soms haal ik zelfs een boek tevoorschijn en lees in de tuin terwijl ik omringd ben door al het moois dat ik heb gecreëerd. **Tuinieren** is mijn passie en het brengt me zoveel vreugde. Elke dag in mijn tuin is een goede dag.

Een van de dingen die ik graag doe is koken, dus een goed gevulde kruidentuin is erg **belangrijk** voor me. Tijm, basilicum, oregano, rozemarijn, salie en lavendel zijn slechts enkele van de kruiden die ik graag in mijn tuin kweek, zodat ik ze kan gebruiken bij het bereiden van maaltijden voor mezelf of voor **gasten**. Wat ik ook belangrijk vind in mijn tuin is dat er veel kleur in zit. Om dit doel te bereiken, kweek ik een grote verscheidenheid aan bloemen, waaronder **rozen**, lelies, madeliefjes, tulpen, impatiens, goudsbloemen, enz. Naast het toevoegen van kleur met bloemen, vind ik het ook leuk om verschillende **texturen te** gebruiken in de tuin. Zo plant ik bijvoorbeeld varens onder torenhoge zonnebloemen of hosta's **naast** stekelige siergrassen. Wat er verder ook aan de hand is in mijn leven, door in mijn tuin **te** werken voel ik me altijd meer verbonden met de natuur en in vrede met mezelf.

Otázky na porozumenie

1. Kde sa nachádza autorova záhrada?

2. Koľko sliepok má autor?

3. Čo robí autor v záhrade každý deň?

4. Prečo sa autorovi páči záhrada?

5. Aké bylinky vysadil autor v záhrade?

6. Prečo je pre autora dôležité, že v jeho záhrade je veľa farieb?

7. Ako autor spestruje svoju záhradu?

8. Ako sa cíti autor, keď pracuje vo svojej záhrade?

9. Čo dáva autorovi pocit spojenia, keď je vo svojej záhrade?

10. Prečo je každý deň v autorovej záhrade dobrým dňom?

Begrip vragen

1. Waar is de tuin van de auteur?

2. Hoeveel kippen heeft de schrijver?

3. Wat doet de schrijver elke dag in de tuin?

4. Waarom houdt de auteur van de tuin?

5. Welke kruiden plant de auteur in de tuin?

6. Waarom is het belangrijk voor de auteur dat er veel kleuren in zijn tuin zijn?

7. Hoe brengt de auteur afwisseling in zijn tuin?

8. Hoe voelt de schrijver zich als hij in zijn tuin werkt?

9. Waardoor voelt de auteur zich verbonden als hij in zijn tuin is?

10. Waarom is elke dag in de tuin van de auteur een goede dag?

Nakupovanie

Rád chodím **nakupovať do** obchodného centra. Je to vždy taká zábava prechádzať sa a pozerať sa na rôzne obchody. V nákupnom centre si každý nájde niečo pre seba a vždy je to skvelé miesto, kde sa dajú nájsť výhodné ponuky oblečenia, topánok a doplnkov. Svoju nákupnú cestu **zvyčajne** začínam prechádzkou cez hlavný **vchod** nákupného centra. Odtiaľ najprv zamierim do svojich obľúbených obchodov. Po prezretí týchto obchodov sa prejdem po okolí a zistím, či na iných miestach neprebiehajú nejaké výpredaje. V nákupnom centre zvyčajne strávim niekoľko hodín, kým konečne nakúpim. Pri nakupovaní si vždy rád dávam načas, **pretože** sa chcem uistiť, že si kúpim **presne** to, čo chcem. Navyše je to tak zábavnejšie!

Pozorovanie ľudí v nákupnom centre ma vždy **fascinuje.** Podľa toho, ako človek nakupuje, sa dá o ňom veľa zistiť. Niektorí ľudia sú veľmi metodickí a nikam sa neponáhľajú, zatiaľ čo iní sa zdajú, že len berú, **čo sa** dá, a čo najrýchlejšie smerujú k pokladni. Sú aj takí nakupujúci, ktorí sa viac zaujímajú o rozprávanie cez mobil alebo písanie SMS správ, ako o to, aby si skutočne pozreli nejaký tovar! Bez ohľadu na to, aký typ nakupujúceho ste, sa zdá, že každý si užíva nakupovanie vo výkladoch - aj keď si v skutočnosti

Gaan winkelen

Ik hou ervan om te gaan **winkelen** in het winkelcentrum. Het is altijd zo leuk om rond te lopen en naar alle verschillende winkels te kijken. Er is voor elk wat wils in het winkelcentrum, en het is altijd een geweldige plek om deals te vinden voor kleren, schoenen en accessoires. Ik begin mijn shoppingtrip meestal met een wandeling door de **hoofdingang** van het winkelcentrum. Van daaruit ga ik eerst naar mijn favoriete winkels. Na het bekijken van die winkels, loop ik rond en kijk of er een verkoop gaande is op andere plaatsen. Meestal ben ik wel een paar uur in het winkelcentrum voordat ik eindelijk mijn aankopen doe. Ik neem altijd graag mijn tijd als ik ga winkelen, **want** ik wil zeker weten dat ik **precies** krijg wat ik wil. Plus, het is gewoon leuker op die manier!

Ik vind het altijd zo **fascinerend** om mensen te kijken als ik in het winkelcentrum ben. Je kunt echt veel over een persoon vertellen door de manier waarop ze winkelen. Sommige mensen zijn heel methodisch en nemen hun tijd, terwijl anderen gewoon lijken te grijpen **wat** ze kunnen en zo snel mogelijk naar de kassa gaan. Er zijn ook shoppers die meer geïnteresseerd lijken te zijn in het praten op hun mobieltje of in sms'en dan in het bekijken van de koopwaar! Het maakt echter

nič nekúpite. Pohľad na všetky tie pekné veci vo **výkladoch** obchodov ma jednoducho baví. Niekedy si predstavujem, aké by to bolo, keby som si mohla dovoliť **všetko, čo** vidím! Celkovo je deň strávený nakupovaním v obchodnom centre jednou z mojich najobľúbenejších zábav. Je to skvelý spôsob, ako si oddýchnuť a zrelaxovať a zároveň si trochu zacvičiť (ak sa dostatočne prejdete). Navyše je **vždy** príjemné dopriať si z času na čas nové tričko alebo pár topánok!

Mala som **dlhý** deň v práci a konečne som mala čas pre seba, tak som sa rozhodla ísť nakupovať do obchodného centra. Potrebovala som nejaké nové oblečenie na **nadchádzajúcu** sezónu. Hneď ako som vošla, uvidela som všetky tie jasné svetlá a lesklé výklady. Najskôr som zamierila do svojho obľúbeného obchodu a začala som si prezerať regály. Našla som niekoľko pekných topov a vyskúšala som si ich v šatni. Keď som sa na seba pozerala do zrkadla, počula som, ako niekto vchádza do vedľajšej šatne. V hlase som spoznala jedného zo svojich kolegov. Pozdravili sme sa a začali sme sa rozprávať o práci. Po niekoľkých minútach sme obaja skončili a išli sme **každý svojou** cestou, ale neskôr sme na seba opäť narazili. Pokračovali sme v rozhovore a uvedomili sme si, že máme viac spoločného, ako sme si mysleli.

niet uit wat voor soort shopper je bent, iedereen lijkt te genieten van window shopping - zelfs als je niet echt iets koopt. Er is gewoon iets aan het kijken naar al die mooie dingen in de **etalages** dat me gelukkig maakt. Soms fantaseer ik over hoe het zou zijn als ik me **alles** kon veroorloven wat ik zie! Al met al is een dagje winkelen in het winkelcentrum een van mijn favoriete bezigheden. Het is een geweldige manier om te ontspannen en tot rust te komen, terwijl je ook een beetje beweging krijgt (als je maar genoeg rondloopt). Bovendien is het **altijd** leuk om jezelf af en toe te trakteren op een nieuw shirt of een paar schoenen!

Ik had een **lange** dag op het werk en had eindelijk wat tijd voor mezelf, dus besloot ik te gaan winkelen in het winkelcentrum. Ik had wat nieuwe kleren nodig voor het **komende** seizoen. Zodra ik binnenkwam, zag ik al die felle lichten en glimmende etalages. Ik ging eerst naar mijn favoriete winkel en begon door de rekken te snuffelen. Ik vond een paar leuke topjes en paste ze in de kleedkamer. Terwijl ik mezelf in de spiegel bekeek, hoorde ik iemand de kleedkamer naast de mijne binnenkomen. Ik herkende zijn stem als een van mijn collega's. We zeiden hallo en begonnen te kletsen over het werk. Na een paar minuten waren we allebei klaar en gingen we onze **eigen** weg, maar later kwamen we elkaar weer tegen. We praatten verder en beseften dat we meer gemeen hadden dan we dachten.

Otázky na porozumenie

1. Kde najradšej skladujete?

2. Aký je váš obľúbený obchod v nákupnom centre?

3. Ako dlho sa zvyčajne zdržiavate v nákupnom centre?

4. Čo si myslíte o ľuďoch, ktorí trávia veľa času v nákupnom centre?

5. Čo najradšej robíte v nákupnom centre?

6. Kúpili ste si niekedy niečo v obchodnom centre, aj keď ste to v skutočnosti nepotrebovali?

7. Ako reagujete, keď v nákupnom centre vidíte niečo, čo by sa vám veľmi páčilo, ale je to príliš drahé?

8. Videli ste niekedy niečo v obchodnom centre a premýšľali ste, kto by si to kúpil?

9. Aký je váš názor na ľudí, ktorí sa v nákupnom centre namiesto toho, aby si prezreli obchody, venujú mobilným telefónom?

Begrip vragen

1. Waar sla je het liefst op?

2. Wat is je favoriete winkel in het winkelcentrum?

3. Hoe lang blijft u meestal in het winkelcentrum?

4. Wat vind je van mensen die veel tijd in het winkelcentrum doorbrengen?

5. Wat is uw favoriete bezigheid in het winkelcentrum?

6. Heb je ooit iets gekocht in het winkelcentrum terwijl je het niet echt nodig had?

7. Hoe reageert u als u in het winkelcentrum iets ziet dat u heel graag zou willen hebben, maar dat te duur is?

8. Heb je ooit iets in het winkelcentrum gezien en je afgevraagd wie het zou kopen?

9. Wat vindt u van mensen die in het winkelcentrum met hun mobieltje bezig zijn in plaats van naar de winkels te kijken?

Na trhu

V sobotu ráno vstávam skoro a túžim sa dostať na **trh**
skôr, ako bude príliš veľa ľudí. Obliekam sa a vyrážam
von, cestou si beriem tašky na opakované použitie.
Počas chôdze začínam plánovať, čo chcem pripraviť
na celý týždeň. Viem, že chcem aspoň raz **opiecť**
zeleninu, takže budem musieť kúpiť nejakú kvalitnú
zeleninu. Chcem tiež pripraviť polievku alebo guláš,
takže budem musieť kúpiť aj nejaké mäso. Musím sa
pozrieť, čo vyzerá dobre, keď tam prídem. Trh je len
pár blokov odtiaľto a už vidím rozostavané stánky a
mávajúcich **ľudí.**

Prídem na trh a zamierim rovno k stánku so zeleninou.
Výber je nádherný a ja si plním tašky rôznymi
čerstvými produktmi. Chvíľu sa rozprávam s farmárom
a on mi odporučí niekoľko receptov. Teším sa, že
ich vyskúšam. Počas nakupovania sa rozprávam
s **farmármi, spoznávam** ich a ich produkty. Keď
mám všetku zeleninu, ktorú potrebujem, prejdem do
oddelenia mäsa. Tu trochu váham, pretože si nie som
istý, čo chcem kúpiť. Nakoniec sa rozhodnem pre
kuracie mäso, pretože je univerzálne a dá sa použiť do
rôznych jedál. Kúpim tiež niekoľko rôznych kusov mäsa,
pričom dbám na to, aby som si kúpil hovädzie mäso
kŕmené trávou a **kurča z** voľného chovu. Mäsiar bol

Op de markt

Ik sta op zaterdagochtend vroeg op, popelend om naar de **markt te gaan** voordat het te druk wordt. Ik trek wat kleren aan en ga de deur uit, terwijl ik onderweg mijn herbruikbare tassen pak. Terwijl ik loop, begin ik te plannen wat ik de komende week wil maken. Ik weet dat ik minstens één keer groenten wil **roosteren**, dus ik moet wat groenten van goede kwaliteit kopen. Ik wil ook een soep of stoofpot maken, dus ik moet ook wat vlees kopen. Ik zal moeten kijken wat er goed uitziet als ik daar ben. De markt is maar een paar straten verderop, en ik zie de kraampjes al staan en de **mensen al rondlopen**.

Ik kom aan op de markt en ga meteen naar de groentekraam. Het aanbod is prachtig en ik vul mijn tassen met een verscheidenheid aan **verse** producten. Ik maak een praatje met de boer en hij raadt me een paar recepten aan. Ik ben enthousiast om ze uit te proberen. Ik maak een praatje met de **boeren** terwijl ik aan het winkelen ben en leer hen en hun producten kennen. Als ik alle groenten heb die ik nodig heb, ga ik naar de vleesafdeling. Ik aarzel een beetje, omdat ik niet zeker weet wat ik wil hebben. Uiteindelijk kies ik voor kip, omdat dat veelzijdig is en in allerlei gerechten kan worden gebruikt. Ik koop

priateľský muž, vždy veselý napriek dlhým pracovným hodinám. Zabalil mi kuracie prsia a steak a potom sa so mnou rozprával o svojich víkendových plánoch. Rozlúčil som sa s ním a pokračoval v ceste. Z mliečneho oddelenia som si vzal aj vajíčka a syr.

Na trhu sa to hemžilo ľuďmi, ktorí túžili dostať sa **k** čerstvým produktom a mäsu, ktoré sa tu ponúkali. Vzduch bol zahustený vôňou cesnaku a cibule, ozýval sa smiech a rozhovory. Predierala som sa davom a vyberala som si ďalšie veci, ktoré som potrebovala na svoj týždenný nákup. Naplnila som **košík** ovocím a zeleninou, cestovinami a chlebom a potom som zamierila k pokladni. Rad bol dlhý, ale rýchlo sa posúval. Nakoniec som nakúpila posledné **potraviny** a bol čas ísť domov. Auto bolo naložené a cesta domov bola dlhá a únavná. Doprava bola hustá a horúčava ťaživá. Konečne auto vrazilo na príjazdovú cestu a úľava bola citeľná. V dome bol chládok a ticho a po ruchu trhu to bolo útočisko. Všetko bolo odložené a v dome sa čoskoro opäť rozhostil obvyklý pokoj a ticho. Mala som všetko, čo som potrebovala na prípravu **chutných** jedál pre seba a pre svoju rodinu. Bolo dobré byť doma.

ook een paar verschillende stukken vlees, en zorg ervoor dat ik grasgevoerd rundvlees en **scharrelkip koop**. De slager was een vriendelijke man, altijd vrolijk ondanks de lange uren die hij werkte. Hij pakte mijn kippenborst en biefstuk in voordat hij met me praatte over zijn weekendplannen. Ik nam afscheid van hem en vervolgde mijn weg. Ik heb ook nog wat eieren en kaas meegenomen uit de zuivelafdeling.

Het krioelde van de mensen op de markt, die allemaal stonden te popelen om de verse producten en het vlees dat werd aangeboden in **handen te** krijgen. De lucht hing vol met de geur van knoflook en uien, en het geluid van gelach en gesprekken vulde de lucht. Ik baande me een weg door de menigte en zocht de andere dingen uit die ik nodig had voor mijn wekelijkse boodschappen. Ik vulde mijn **mandje** met fruit en groenten, pasta en brood, voordat ik naar de kassa ging. De rij was lang, maar het ging snel. Eindelijk waren de laatste **boodschappen** gedaan, en was het tijd om naar huis te gaan. De auto werd volgeladen, en de rit naar huis was lang en moeizaam. Het verkeer was druk en de hitte was drukkend. Eindelijk reed de auto de oprit op en de opluchting was voelbaar. Het huis was koel en stil, en het was een oase na de drukte van de markt. Alles werd opgeborgen, en het huis was al snel weer in zijn gebruikelijke rust en stilte. Ik had alles wat ik nodig had om **heerlijke** maaltijden te maken voor mezelf en voor mijn gezin. Het was goed om thuis te zijn.

Otázky na porozumenie

1. Kam ide osoba?

2. Čo chce osoba kúpiť?

3. Koľko tašiek má daná osoba?

4. Ako ďaleko je trh?

5. Čo práve robí táto osoba?

6. Čo všetko je na trhu?

7. Koľko ľudí je na trhu?

8. Ako dlho trvalo, kým si človek všetko kúpil?

9. Ako sa osoba vrátila domov?

10. Čo urobil, keď prišiel domov?

Begrip vragen

1. Waar gaat de persoon heen?

2. Wat wil de persoon kopen?

3. Hoeveel tassen heeft de persoon?

4. Hoe ver weg is de markt?

5. Wat doet de persoon op dit moment?

6. Wat is alles op de markt?

7. Hoeveel mensen zijn er op de markt?

8. Hoe lang heeft de persoon erover gedaan om alles te kopen?

9. Hoe is de persoon naar huis gegaan?

10. Wat deed de persoon toen hij of zij thuiskwam?

V kaviarni

Bolo chladné **jesenné** ráno a ja som si dohodla stretnutie s kamarátkou Lily v našej obľúbenej kaviarni na kávu. Zabalila som sa do teplého kabáta a šálu a vyrazila som. Zo stromov opadávalo lístie a vzduch bol sychravý, ale svietilo slnko a sľubovalo krásny deň. Počas chôdze som **premýšľala** o tom, aké je dobré mať takú kamarátku, ako je Lily. Priatelili sme sa už roky, odkedy sme sa stretli na **univerzite**. Spájala nás láska ku káve a trávenie času rozprávaním sa v kaviarňach. Aj keď sme teraz bývali v rôznych častiach mesta, stále sme sa raz do týždňa stretávali na káve. Prišla som do kaviarne a Lily tam už na mňa čakala. Objali sme sa na pozdrav a potom sme si objednali kávu. Našli sme si stôl pri okne a usadili sa, aby sme sa porozprávali. **Káva** bola ako vždy výborná a bolo príjemné stretnúť sa s Lily. Rozprávali sme sa o našom týždni, práci a plánoch do budúcnosti. S Lily sa mi vždy hovorilo tak ľahko a mala som pocit, že jej môžem povedať čokoľvek. Po chvíli sme začali byť hladné a **rozhodli sme sa** objednať si nejaké jedlo.

Objednali sme si jedlo a našli si miesto pri okne. Cez okno svietilo slnko a všetko bolo teplé a veselé. Rozprávali sme sa pri jedle a užívali si jednoduchú radosť zo vzájomnej **spoločnosti**. V kaviarni bolo

In een café

Het was een kille **herfstochtend** en ik had met mijn vriendin Lily afgesproken in ons favoriete café voor een kopje koffie. Ik wikkelde me warm in mijn jas en sjaal en ging op weg. De bladeren vielen van de bomen en de lucht was een beetje fris, maar de zon scheen en het beloofde een mooie dag te worden. Terwijl ik liep, **dacht** ik aan hoe goed het was om een vriendin als Lily te hebben. We waren al jaren vriendinnen, sinds we elkaar op de **universiteit** ontmoetten. We kregen een band door onze voorliefde voor koffie en het kletsen in cafés. Ook al woonden we nu in verschillende delen van de stad, we kwamen nog steeds één keer per week samen om koffie te drinken. Ik kwam aan bij het café, en Lily zat daar al op me te wachten. We omhelsden elkaar en bestelden onze koffie. We vonden een tafeltje bij het raam en gingen zitten kletsen. De **koffie** was heerlijk, zoals altijd, en het was zo leuk om bij te praten met Lily. We spraken over onze week, onze banen, en onze plannen voor de toekomst. Het was altijd zo makkelijk om met Lily te praten, en ik had het gevoel dat ik haar alles kon vertellen. Na een tijdje begonnen we honger te krijgen en **besloten we** wat eten te bestellen.

We **bestelden** ons eten en zochten een plaatsje bij het raam. De zon scheen door het raam naar binnen,

rušno, ale necítili sme sa preplnení. Vo vzduchu bol cítiť pokoj a spokojnosť. Keď sme dojedli, ešte chvíľu sme sedeli a vychutnávali si pokojnú **atmosféru**. Chvíľu sme sa rozprávali o rôznych veciach, ktoré sa diali v našich životoch. Bolo veľmi príjemné dohovoriť **sa** s priateľom a len tak **si oddýchnuť**. Cez okno svietilo slnko a zdalo sa, že **nič nemôže** pokaziť náš dokonalý deň.

Zrazu som počul hlasnú ranu. Otočil som sa a uvidel som, že nejaký muž prepadol cez strop a leží na podlahe pred nami. Bol **pokrytý** prachom a troskami a vyzeral byť v bezvedomí. Obaja s priateľom sme boli v šoku, keď sme sa pozerali na muža ležiaceho na podlahe. Nevedeli sme, čo máme robiť alebo koho zavolať na pomoc. Len sme tam sedeli a pozerali na neho, nevediac, čo robiť. Po niekoľkých minútach som sa spamätala a zavolala som záchranku. Operátor mi povedal, že čoskoro tam niekto bude. Položila som telefón a povedala som priateľovi, čo mi povedal **operátor.** Obaja sme tam len sedeli a čakali na pomoc. Zdalo sa mi to ako večnosť, ale nakoniec **sa objavi**la sanitka. Záchranári vbehli dnu a začali pracovať na mužovi.

waardoor alles warm en gelukkig aanvoelde. We babbelden terwijl we ons eten aten, en genoten van het simpele plezier om in elkaars **gezelschap** te zijn. Het was druk in het café, maar het voelde niet druk aan. Er hing een gevoel van vrede en tevredenheid in de lucht. Toen we ons eten op hadden, bleven we nog een tijdje zitten, genietend van de vredige **sfeer**. We praatten een tijdje over verschillende dingen die in ons leven waren gebeurd. Het was zo fijn om bij te praten met mijn vriend en gewoon **te ontspannen**. De zon scheen door het raam, en het voelde alsof **niets** onze perfecte dag kon verpesten.

Plotseling hoorde ik een harde klap. Ik draaide me om en zag dat een man door het plafond was gevallen en voor ons op de grond lag. Hij was **bedekt** met stof en puin en leek bewusteloos te zijn. Mijn vriend en ik waren allebei in shock toen we naar de man staarden die op de grond lag. We wisten niet wat we moesten doen of wie we moesten bellen voor hulp. We zaten daar gewoon naar hem te staren, niet wetend wat te doen. Na een paar minuten kwam ik bij en belde 911. De telefoniste zei me dat er zo iemand zou komen. Ik hing de telefoon op en vertelde mijn vriend wat de **telefoniste** had gezegd. We zaten daar allebei te wachten tot er hulp kwam. Het leek wel een eeuwigheid, maar uiteindelijk **kwam** er een ambulance. De ambulancebroeders snelden naar binnen en begonnen met de man te werken.

Otázky na porozumenie

1. Odkiaľ pochádza muž, ktorý padá cez strechu?

2. Prečo je žena so svojím priateľom v kaviarni?

3. Aká je obľúbená kaviareň týchto dvoch priateľov?

4. Ako dlho sa títo dvaja priatelia poznajú?

5. Aký je obľúbený nápoj týchto dvoch priateľov?

6. V ktorom meste žijú títo dvaja priatelia?

7. Ako často sa títo dvaja priatelia stretávajú?

8. O čom sa títo dvaja priatelia rozprávajú, keď sa prvýkrát stretnú vo svojej obľúbenej kaviarni?

9. Aké je obľúbené jedlo týchto dvoch priateľov?

10. Prečo je také ľahké hovoriť s Lily?

Begrip vragen

1. Waar komt de man vandaan die door het dak valt?

2. Waarom is de vrouw met haar vriendin in het café?

3. Wat is het favoriete café van de twee vrienden?

4. Hoe lang kennen de twee vrienden elkaar al?

5. Wat is het favoriete drankje van de twee vrienden?

6. In welke stad wonen de twee vrienden?

7. Hoe vaak ontmoeten de twee vrienden elkaar?

8. Waar hebben de twee vrienden het over als ze elkaar voor het eerst ontmoeten in hun favoriete café?

9. Wat is het lievelingseten van de twee vrienden?

10. Waarom is het zo makkelijk om met Lily te praten?

Plavanie

Bazén bol vždy **osviežujúcim** miestom a dnes to nebolo inak. Slnko svietilo a voda vyzerala lákavo. Zhlboka som sa nadýchla a ponorila sa do vody, aby som pocítila jej chladivú náruč. Chvíľu som plávala kolá, tešila som sa z pohybu a možnosti vyčistiť si hlavu. Po chvíli som vyšla von, osušila sa a sadla si na uterák, aby som si oddýchla na slnku. Zavrela som oči a nechala sa oblievať **teplom,** cítila som, ako sa mi uvoľňujú svaly. Zrazu som počula špliechanie a otvorila som oči, aby som videla svoju malú sestru, ako **pádluje na** plytčine. Usmiala som sa a chvíľu som ju pozorovala, potom som vstala a išla k nej. Chvíľu sme sa rozprávali, pádlovali sme spolu a užívali si spoločnosť toho druhého. Čoskoro sa k nám pridali rodičia a zvyšok popoludnia sme strávili spoločným plávaním a hraním hier. Bolo vždy veľmi príjemné tráviť čas s rodinou v bazéne. Zdá sa, že pobyt vo vode ľudí spája. Možno je to preto, že keď sme vo vode, sme si všetci rovní - nemôžeme skrývať svoje nedostatky ani predstierať, že sme niekým iným. Alebo je to možno len preto, že je to zábava! **Nech už je** dôvod **akýkoľvek, bol som** jednoducho rád, že sme sa mohli všetci stretnúť a užiť si vzájomnú spoločnosť na takomto výnimočnom mieste.

Gaan zwemmen

Het zwembad was altijd een **verfrissende** plek om te zijn, en vandaag was dat niet anders. De zon scheen en het water zag er uitnodigend uit. Ik haalde diep adem en dook erin, de koele omhelzing van het water voelend. Ik zwom een tijdje baantjes, genoot van de beweging en de kans om mijn hoofd leeg te maken. Na een tijdje kwam ik eruit en droogde me af, waarna ik op een handdoek ging zitten om te relaxen in de zon. Ik sloot mijn ogen en liet de **warmte** over me heen spoelen, ik voelde mijn spieren ontspannen. Plotseling hoorde ik een plons en ik opende mijn ogen om mijn kleine zusje te zien **poedelen** in het ondiepe gedeelte. Ik glimlachte en keek een tijdje naar haar, stond toen op en liep naar haar toe. We kletsten wat en peddelden samen wat rond, genietend van elkaars gezelschap. Al snel kwamen onze ouders erbij, en we brachten de rest van de middag zwemmend en spelend door. Het was altijd zo leuk om tijd met de familie in het zwembad door te brengen. Er is **iets** met in het water zijn dat mensen samenbrengt. Misschien is het omdat we allemaal gelijk zijn als we in het water zijn - we kunnen onze gebreken niet verbergen of doen alsof we iets zijn wat we niet zijn. Of misschien is het gewoon omdat het leuk is! **Wat** de reden ook is, ik was gewoon blij dat we allemaal bij elkaar konden komen en van elkaars gezelschap

Slnko ma pálilo do kože a vo vzduchu bol cítiť zápach chlóru. Počula som zvuky smiechu detí, ktoré sa špliechali v bazéne. Ležala som na lehátku vedľa bazéna, opaľovala sa a **užívala si** deň. Mala som zavreté oči a práve som sa chystala zaspať, keď som počula, ako ku mne niekto kráča. Otvorila som oči a uvidela som, že vedľa mňa stojí žena. Mala na sebe bikiny a okolo pása mala omotaný uterák. Mala dlhé blond vlasy a modré oči. V ruke držala fľaštičku s **opaľovacím krémom.** "Nebude ti vadiť, keď ti natriem chrbát opaľovacím krémom?" spýtala sa ma. "Nie, to je v poriadku," povedala som a posadila som sa, aby mi dosiahla na chrbát. Cítila som jej ruky na svojej pokožke, keď mi naniesla opaľovací krém.

Jej dotyk bol jemný a vôňa opaľovacieho krému upokojujúca. Znova som zavrel oči a nechal sa uvoľniť. Počula som, **ako** sa pohybuje, ale oči som neotvorila. Spokojne som len ležal na slnku a počúval zvuk vĺn **narážajúcich na** breh. Po niekoľkých minútach odišla a ja som otvoril oči. Sledoval som ju, ako sa vrátila k lehátku a vzala si knihu. Usadila sa do kresla a začala čítať. Opäť som zavrel oči a nechal sa unášať spánkom.

konden genieten op zo'n speciale plek.

De zon scheen op mijn huid en de geur van chloor hing in de lucht. Ik kon de geluiden horen van lachende kinderen die in het zwembad spetterden. Ik lag op een ligstoel naast het zwembad, te genieten van de zon en **de** dag. Ik had mijn ogen gesloten en wilde net in slaap vallen toen ik iemand naar me toe hoorde lopen. Ik opende mijn ogen en zag een vrouw naast me staan. Ze droeg een bikini en had een handdoek om haar middel gewikkeld. Ze had lang blond haar en blauwe ogen. Ze hield een fles **zonnebrandcrème** in haar hand. "Vind je het erg als ik wat zonnebrandcrème op je rug smeer?" vroeg ze. "Nee, dat hoeft niet," zei ik, terwijl ik rechtop ging zitten zodat ze bij mijn rug kon. Ik voelde haar handen op mijn huid terwijl ze de zonnebrandcrème aanbracht.

Haar aanraking was zacht en de geur van de zonnebrandcrème was kalmerend. Ik sloot mijn ogen weer en liet me ontspannen. Ik kon het **geluid** van haar bewegingen horen, maar ik opende mijn ogen niet. Ik was tevreden met het feit dat ik daar in de zon lag, luisterend naar het geluid van de golven **die** tegen de kust sloegen. Na een paar minuten liep ze weg, en ik opende mijn ogen. Ik keek naar haar terwijl ze terugliep naar haar ligstoel en haar boek oppakte. Ze nestelde zich in haar stoel en begon te lezen. Ik sloot mijn ogen weer en liet me wegdrijven in slaap.

Otázky na porozumenie

1. Kde sa rozprávač nachádzal na začiatku príbehu?

2. Čo cíti rozprávač, keď otvorí oči?

3. Čo počuje rozprávač, keď otvorí oči?

4. Čí opaľovací krém dá žena rozprávačovi?

5. O čom rozprávač sníva?

6. Prečo je kúpanie v mori pre rozprávača také zvláštne?

7.Aký je pocit z vody, v ktorej rozprávač pláva?

8. Čo vidí rozprávač, keď vyjde z vody?

9. Čo urobí žena po tom, ako namaže rozprávača opaľovacím krémom?

10. O čom sa rozpráva rozprávač a žena na konci príbehu?

Begrip vragen

1. Waar was de verteller toen hij het verhaal begon?

2. Wat ruikt de verteller als hij zijn ogen opent?

3. Wat hoort de verteller als hij zijn ogen opent?

4. Van wie is de zonnebrandcrème die de vrouw aan de verteller geeft?

5. Waar droomt de verteller over?

6. Waarom is zwemmen in de zee zo speciaal voor de verteller?

7. Hoe voelt het water aan waarin de verteller zwemt?

8. Wat ziet de verteller als hij uit het water komt?

9. Wat doet de vrouw nadat ze de verteller heeft ingesmeerd met zonnebrandcrème?

10. Waarover praten de verteller en de vrouw aan het eind van het verhaal?

Kosenie trávnika

Je 10 hodín ráno v letnú **sobotu** a slnko už nemilosrdne páli. Vydáte sa do garáže pre kosačku a máte pocit, že ste **odsúdení na** ťažkú prácu. Začnete kosiť trávnik a dávate pozor, aby ste išli pekne pomaly, aby ste nevynechali žiadne miesto. Počas kosenia premýšľate o tom, aký je to dobrý pocit byť vonku na čerstvom vzduchu. Keď začnete tlačiť kosačku sem a tam po trávniku, kútikom **oka zbadáte** suseda. Zamávate mu a pozdravíte a on vám zamáva späť.

Po niekoľkých minútach ste hotoví a idete k susedovi na pivo do záhrady. Je **perfektný** deň - nie je príliš horúco, fúka jemný vánok. Sedíte v tieni stromu, popíjate pivo a rozprávate sa so susedom. Práve vďaka takýmto dňom si vážite leto. Potom **sa vyberiete** dovnútra na zaslúžené pivo. Rozvalíte sa na stoličke na verande, otvoríte plechovku a spokojne si povzdychnete. Zvuk kosačky ustupuje do pozadia, zatiaľ čo vy relaxujete v tieni a užívate si **pokoj** tejto chvíle. Pivo chutí mimoriadne dobre po všetkej tej ťažkej práci v horúčave. Chystal som sa ísť dovnútra, keď som počul hluk vedľa.

Znelo to, akoby niekto plakal. Prestal som kosiť

Het maaien van het gazon

Het is 10 uur 's ochtends op een zomerse **zaterdag**, en de zon schijnt al ongenadig. Je sjokt naar de garage om de grasmaaier te halen, met het gevoel dat je **veroordeeld bent** tot dwangarbeid. Je begint het gazon te maaien, en zorgt ervoor dat je het rustig aan doet, zodat je niets over het hoofd ziet. Terwijl je aan het maaien bent, denk je aan hoe goed het voelt om buiten in de frisse lucht te zijn. Terwijl u de maaier heen en weer over het gazon duwt, ziet u uw buurman vanuit uw **ooghoek**. Je zwaait en zegt hallo, en hij zwaait terug.

Na een paar minuten ben je klaar, en je gaat naar het huis van je buurman om met hem een biertje te drinken in de voortuin. Het is een **perfecte** dag - niet te warm, met een zacht briesje. Je zit daar in de schaduw van de boom, nipt van je biertje en kletst wat met je buurman. Het zijn dagen als deze die je de zomer doen waarderen. Dan **ga** je naar binnen voor een welverdiend biertje. Je ploft neer in een stoel op de veranda, trekt het blikje open en slaakt een tevreden zucht. Het geluid van de maaier verdwijnt naar de achtergrond terwijl je in de schaduw ontspant en geniet van de **rust** van het moment. Het bier smaakt extra goed na al dat harde werk in de hitte. Ik stond op het

a prešiel som k plotu, ktorý oddeľoval naše dvory.
Nakukol som tam a uvidel som susedu, pani
Johnsonovú, ako plače na hojdačke na verande.
Zavolal som na ňu, ale nepočula ma. Preliezol som
cez plot a prešiel som k nej. "Pani Johnsonová, ste
v poriadku?" Spýtala som sa jej. Pozrela na mňa so
slzami v očiach a pokrútila hlavou. "Nie, nie som v
poriadku," povedala. "Včera mi zomrela mačka." Bola
som šokovaná. Nevedel som, čo mám povedať. Len
som tam rozpačito stála a nevedela, čo mám robiť.
Nakoniec som jej položil ruku na **plece** a povedal som:
"Je mi to veľmi ľúto, pani Johnsonová. Ak vám môžem
nejako pomôcť, dajte mi prosím vedieť. " Pokrútila
hlavou a povedala: "Nie, nikto **nemôže nič** urobiť."
Potom vstala a vošla do svojho domu. Chvíľu som tam
stála a nevedela, čo mám robiť. Potom som sa vrátil
ku koseniu trávnika. Keď som skončil, nemohol som
si pomôcť, ale myslel som na pani Johnsonovú a jej
mačku.

punt om naar binnen te gaan toen ik een geluid hoorde bij de buren.

Het **klonk** alsof iemand huilde. Ik stopte met maaien en liep naar het hek dat onze tuinen scheidde. Ik keek om en zag mijn buurvrouw, mevrouw Johnson, huilen op haar schommelbank. Ik riep naar haar, maar ze hoorde me niet. Ik klom over het hek en liep naar haar toe. "Mevrouw Johnson, is alles goed met u?" vroeg ik. Ze keek met tranen in haar ogen naar me op en schudde haar hoofd. "Nee, het gaat niet goed met me," zei ze. "Mijn kat is gisteren gestorven." Ik was geschokt. Ik wist niet wat ik moest zeggen. Ik stond daar maar wat ongemakkelijk, niet wetend wat ik moest doen. Uiteindelijk legde ik mijn hand op haar **schouder** en zei: "Het spijt me zo, mevrouw Johnson. Als er iets is wat ik kan doen om te helpen, laat het me alsjeblieft weten. "Ze schudde haar hoofd en zei: Nee, er is **niets** dat iemand kan doen. Toen stond ze op en ging haar huis binnen. Ik stond daar een ogenblik, niet wetend wat te doen. Toen ging ik verder met het maaien van mijn gazon. Toen ik klaar was, moest ik denken aan mevrouw Johnson en haar kat.

Otázky na porozumenie

1. Koľko je hodín?

2. Kde kosí osoba?

3. Ako sa osoba cíti?

4. Prečo musí človek kosiť pomaly?

5. Aké je počasie?

6. Čo robí osoba po kosení?

7. Čo počuje človek pred odchodom domov?

8. Kto je s pani Johnsonovou?

9. Prečo pani Johnsonová plače?

10. Čo hovorí táto osoba pani Johnsonovej?

Begrip vragen

1. Hoe laat is het?

2. Waar is de persoon aan het maaien?

3. Hoe voelt de persoon zich?

4. Waarom moet de persoon langzaam maaien?

5. Wat voor weer is het?

6. Wat doet de persoon na het maaien?

7. Wat hoort de persoon voordat hij naar huis gaat?

8. Wie is er bij Mrs Johnson?

9. Waarom huilt Mrs Johnson?

10. Wat zegt de persoon tegen Mrs. Johnson?

Strihanie vlasov

Už niekoľko týždňov som sa chcela dať ostrihať, ale vždy sa mi to podarilo odložiť. Ale keďže **Vianoce boli** za rohom, vedela som, že to už nemôžem ďalej odkladať. Nechcela som prísť na vianočnú večeru k rodine a vyzerať ako zanedbaná. Preto som sa skoro ráno na Vianoce vybrala do salónu. Hoci bolo skoro, v salóne už bolo veľa ľudí, ktorí **si nechávali** robiť vlasy na sviatky. Postavila som sa do radu a čakala, kým na mňa príde rad. Nakoniec som sa dostala na rad ja. Kaderníčka, priateľská žena menom Jill, sa ma spýtala, čo chcem. "Len zastrihnúť, nič drastické," odpovedala som. Jill sa pustila do práce a strihala mi vlasy. Ako pracovala, začala som sa uvoľňovať. Bol to dobrý pocit, že sa o seba konečne starám. V poslednom čase som bola taká zaneprázdnená starostlivosťou o všetkých ostatných, že som svoje vlastné potreby nechala bokom. Ale **teraz už** nie. Odteraz si budem na seba robiť čas.

Keď Jill skončila, pozrela som sa do zrkadla a bola som spokojná s tým, čo som videla. Moje vlasy vyzerali upravené a vyleštené - ideálne na sviatočné stretnutia. **Poďakovala** som Jill a v **duchu som si zapísala**, že sa sem budem vracať častejšie. Odteraz sa budem starať predovšetkým o seba. Pustila sa do strihania mojich

Naar de kapper

Ik wilde al weken naar de kapper, maar op de een of andere manier kon ik het steeds uitstellen. Maar met **Kerstmis voor de deur**, wist ik dat ik het niet langer kon uitstellen. Ik wilde niet op het kerstdiner van mijn familie verschijnen als een smerige puinhoop. Dus, vroeg op kerstochtend, ging ik naar de salon. Hoewel het nog vroeg was, was de salon al druk bezig met andere mensen **die** hun haar lieten doen voor de feestdagen. Ik nam plaats in de rij en wachtte op mijn beurt. Eindelijk was het mijn beurt in de stoel. De styliste, een vriendelijke vrouw die Jill heette, vroeg me wat ik wilde. "Gewoon een knipbeurt, niets te drastisch," antwoordde ik. Jill ging aan de slag en knipte mijn haar weg. Terwijl ze werkte, begon ik te ontspannen. Het voelde goed om eindelijk voor mezelf te zorgen. Ik had het de laatste tijd zo druk gehad met voor iedereen te zorgen, dat ik mijn eigen behoeften aan de kant had laten liggen. Maar **nu** niet **meer**. Van nu af aan, zou ik tijd voor mezelf maken.

Toen Jill klaar was, keek ik in de spiegel en was blij met wat ik zag. Mijn haar zag er netjes en gepolijst uit-perfect voor vakantie bijeenkomsten. Ik **bedankte** Jill en maakte een notitie om vaker terug te komen. Van nu af aan zal ik in de eerste plaats voor mezelf

vlasov. Myslela som na to, aká som vďačná, že som sa konečne dala ostrihať. Bol to dobrý pocit vedieť, že na vianočnú **večeru** budem vyzerať reprezentatívne. Už som sa nemusela obávať, že si ma rodina bude doberať kvôli môjmu "zanedbanému" vzhľadu. Po niekoľkých minútach mi kaderník dokončil úpravu vlasov a rýchlo mi ich vyfúkal. Pozrela som sa do zrkadla a bola som spokojná s tým, čo som videla - čisto ostrihaný vzhľad, ktorý bude perfektný na vianočnú večeru. Teraz, keď som mala strihanie za sebou, som sa mohla sústrediť na to, aby som si užila sviatky s rodinou. A za to som bola ešte vďačnejšia.

Bol to taký **oslobodzujúci** pocit a veľmi sa mi páčilo, ako môj nový účes vyzeral. Keď som zaplatila za strih, išla som domov a začala som sa baliť na cestu. **Nemohla som** sa dočkať, až svoj nový vzhľad ukážem rodine a priateľom. Vedela som, že budú prekvapení, keď ma uvidia. V deň môjho odletu som prišla na letisko s dostatočnou časovou rezervou. Bez problémov som prešla bezpečnostnou kontrolou a čoskoro som bola na ceste. Hneď ako som dorazil na miesto určenia, cítil som vo vzduchu vzrušenie. Vianoce boli určite vo vzduchu! Na letisku ma privítala moja rodina a všetci boli ohromení mojím novým účesom. Niekoľko nasledujúcich dní sme strávili **doháňaním restov** a užívaním si vzájomnej **spoločnosti**.

zorgen. Ze begon aan mijn haar te knippen. Ik dacht
eraan hoe dankbaar ik was dat ik er eindelijk aan
toe was gekomen om mijn haar te laten knippen. Het
voelde goed om te weten dat ik er toonbaar uit zou zien
voor **het kerstdiner**. Ik hoefde me geen zorgen meer
te maken dat mijn familie me zou plagen over mijn
"smerige" uiterlijk. Na een paar minuten was de styliste
klaar met het knippen van mijn haar en föhnde ze me
snel. Ik keek in de spiegel en was blij met wat ik zag:
een strak geknipt kapsel dat perfect zou zijn voor het
kerstdiner. Nu mijn kapsel achter de rug was, kon ik me
concentreren op de feestdagen met mijn gezin. En daar
was ik nog dankbaarder voor.

Het voelde zo **bevrijdend**, en ik hield van de manier
waarop mijn nieuwe kapsel eruit zag. Nadat ik voor mijn
kapsel had betaald, ging ik naar huis en begon ik in
te pakken voor mijn reis. Ik **kon niet** wachten om mijn
nieuwe look aan mijn familie en vrienden te tonen. Ik
wist dat ze verrast zouden zijn als ze me zouden zien.
Op de dag van mijn vlucht kwam ik ruim op tijd aan
op de luchthaven. Ik ging zonder problemen door de
beveiliging en al snel was ik op weg. Zodra ik op mijn
bestemming aankwam, kon ik de opwinding in de lucht
voelen. Kerstmis hing zeker in de lucht! Mijn familie
was er om me op de luchthaven te begroeten, en ze
waren allemaal verbaasd over mijn nieuwe kapsel. We
brachten de volgende dagen door **met bijpraten** en
genieten van elkaars **gezelschap**.

Otázky na porozumenie

1. Čo musel hlavný hrdina urobiť pred Vianocami?

2. Ako sa hlavná hrdinka cítila, keď sa o seba starala?

3. Kto ostrihal hlavnému hrdinovi vlasy?

4. Prečo sa rodina hlavnej hrdinky chystala podpichovať ju?

5. Ako sa cítila hlavná hrdinka po ostrihaní?

6. Čo urobila hlavná hrdinka po ostrihaní vlasov?

7. Aká bola reakcia rodiny hlavnej hrdinky na jej účes?

8. Čo robil hlavný hrdina na Štedrý večer?

9. Čím bol zážitok hlavného hrdinu výnimočnejší?

10. Čo by sa stalo, keby sa hlavný hrdina nedal ostrihať?

Begrip vragen

1. Wat moest de hoofdpersoon doen voor Kerstmis?

2. Hoe vond de hoofdpersoon het om voor zichzelf te zorgen?

3. Wie heeft het haar van de hoofdpersoon geknipt?

4. Waarom ging de familie van de hoofdpersoon haar plagen?

5. Hoe voelde de hoofdpersoon zich nadat ze naar de kapper was geweest?

6. Wat heeft de hoofdpersoon gedaan nadat ze naar de kapper is geweest?

7. Wat was de reactie van de familie van de hoofdpersoon op haar kapsel?

8. Wat deed de hoofdpersoon op kerstavond?

9. Wat maakte de ervaring van de hoofdpersoon specialer?

10. Wat zou er gebeuren als de hoofdpersoon niet naar de kapper zou gaan?

Park

Slnko zapadalo a park bol prázdny. Sedela som na lavičke a čakala na svojho **priateľa**. Plánovali sme sa tu stretnúť už pred hodinou, ale ona vždy meškala. Práve keď som to chcela vzdať a ísť domov, uvidela som ju, ako ku mne beží. "Je mi to tak ľúto," vydýchla, keď došla k lavičke. "Môj vlak mal **meškanie.**" "To je v poriadku," povedala som **zhovievavo**. "Práve som sem prišiel." Chvíľu sme sedeli a rozprávali sa, pričom sme si navzájom rozprávali o našich životoch od nášho posledného stretnutia. Rozhovor plynul **ľahko a** mali sme pocit, že od nášho posledného stretnutia neuplynul vôbec žiadny čas. Keď zapadlo slnko, rozlúčili sme sa a išli sme každý svojou cestou. Nabudúce sme sa stretli v inom parku. Opäť meškala, ale mne to nevadilo. Bolo príjemné mať niekoho, s kým sa môžem porozprávať a kto mi **rozumie.** Rozprávali sme sa o svojich snoch a **túžbach, o** veciach, ktoré by sme chceli v živote urobiť. Ona mi povedala o svojich plánoch cestovať po svete a ja som sa podelil o svoj sen stať sa spisovateľom. Keď slnko zapadlo do ďalšieho dňa, opäť sme sa rozlúčili a sľúbili si, že tentoraz zostaneme v kontakte.

Prešli roky a naše **priateľstvo** zostalo silné, aj keď sme teraz žili v rôznych častiach krajiny. Udržiavali sme kontakt prostredníctvom listov a príležitostných

Het park

De zon ging onder, en het park was leeg. Ik zat op het bankje te wachten op mijn **vriendin**. We hadden hier al een uur geleden afgesproken, maar ze was altijd te laat. Net toen ik het wilde opgeven en naar huis wilde gaan, zag ik haar naar me toe rennen. "Het spijt me zo," hijgde ze toen ze de bank bereikte. "Mijn trein **had vertraging**." "Het is goed," zei ik **vergevingsgezind**. "Ik ben hier net zelf." We gingen zitten en praatten een poosje, praatten bij over elkaars leven sinds we elkaar voor het laatst zagen. Het gesprek verliep **vlot**, en het leek alsof er helemaal geen tijd was verstreken sinds we elkaar voor het laatst hadden gezien. Toen de zon onderging, namen we afscheid en gingen onze eigen weg. De volgende keer dat we elkaar zagen, was in een ander park. Weer was ze te laat, maar dat vond ik niet erg. Het was fijn om iemand te hebben om mee te praten die me **begreep**. We spraken over onze dromen en **aspiraties**, dingen die we wilden doen met ons leven. Zij vertelde me over haar plannen om de wereld rond te reizen, en ik deelde mijn droom om schrijfster te worden. Toen de zon weer onderging, namen we afscheid van elkaar en beloofden we elkaar dit keer te blijven zien.

Jaren gingen voorbij, en onze **vriendschap** bleef sterk,

telefonátov a navzájom sme sa delili o novinky z nášho života. Keď mi oznámila, že sa bude vydávať, **neprekvapilo** ma to - vždy bola **dobrodružný** typ. Ale keď ma požiadala, či by som jej nešla za družičku na svadobnom obrade, ktorý sa konal na druhom konci sveta od miesta, kde som žila... to ma muselo presvedčiť! Nakoniec som však nemohla dovoliť, aby sa moja najlepšia priateľka vydávala bez toho, aby som bola po jej boku, a tak som napriek svojim obavám (a po jej veľkom prosení!) **súhlasila, že** pôjdem s ňou, čo sa ukázalo byť **dobrodružstvom jej** života.

Konečne prišiel deň **svadby.** Bola som nervózna, ale zároveň som sa tešila, že budem súčasťou takého dôležitého okamihu v živote môjho priateľa. Obrad bol krásny a ona vyzerala šťastná, keď si povedala svoj sľub. **Potom** sme to oslávili veľkou párty - vyzeralo to, akoby s ňou prišli oslavovať všetci jej známi! Bol to **čarovný** deň, na ktorý nikdy nezabudnem, a naše priateľstvo sa po tomto dobrodružstve len posilnilo. Teraz, po rokoch, sme stále v kontakte. Od nášho prvého stretnutia sme **sa** obe veľmi **zmenili,** ale naše priateľstvo je silné ako vždy.

ook al woonden we nu in verschillende delen van het land. We hielden contact door middel van brieven en af en toe telefoontjes, waarbij we nieuws over ons leven met elkaar deelden. Toen ze aankondigde dat ze ging trouwen, was ik niet **verbaasd** - ze was altijd al een **avontuurlijk** type geweest. Maar toen ze me vroeg of ik haar bruidsmeisje wilde zijn op haar huwelijksceremonie, dat halverwege de wereld zou plaatsvinden, van waar ik woonde... daar was wel wat overtuigingskracht voor nodig! Maar uiteindelijk kon ik mijn beste vriendin niet laten trouwen zonder mij aan haar zijde, dus ondanks mijn angsten (en na veel smeken van haar!) **stemde** ik ermee in om mee te gaan op wat het **avontuur** van mijn leven bleek te zijn.

De dag van de **bruiloft was** eindelijk aangebroken. Ik was nerveus, maar opgewonden om deel uit te maken van zo'n belangrijk moment in het leven van mijn vriendin. De ceremonie was prachtig, en ze zag er gelukkig uit toen ze haar geloften aflegde. **Daarna** vierden we het met een groot feest - het leek wel of iedereen die ze kende was gekomen om het met haar te vieren! Het was een **magische** dag die ik nooit zal vergeten, en onze vriendschap is na dat avontuur alleen maar sterker geworden. Nu, jaren later, houden we nog steeds contact. We zijn allebei veel **veranderd** sinds we elkaar voor het eerst ontmoetten, maar onze vriendschap is nog even sterk als altijd.

Otázky na porozumenie

1. Kde sa autorka a jej priateľ prvýkrát stretli?

2. Prečo autorov priateľ prišiel na stretnutie neskoro?

3. O čom sa priatelia rozprávali, keď sa po rokoch opäť stretli?

4. Ako sa autorka cítila, keď sa zúčastnila na svadobnom obrade svojej priateľky?

5. Opíšte prostredie svadobného obradu.

6. Ako sa časom zmenilo priateľstvo medzi týmito dvoma ženami?

7. Čo je autorovým snom?

8. Kam plánuje autorov priateľ cestovať?

9. Prečo sa autorka zdráhala zúčastniť na svadobnom obrade svojej priateľky?

Begrip vragen

1. Waar hebben de auteur en haar vriendin elkaar voor het eerst ontmoet?

2. Waarom was de vriend van de auteur te laat op hun afspraak?

3. Waar hadden de vrienden het over toen ze elkaar jaren later weer ontmoetten?

4. Hoe vond de schrijfster het om de huwelijksceremonie van haar vriendin bij te wonen?

5. Beschrijf de omgeving van de huwelijksceremonie.

6. Hoe is de vriendschap tussen de twee vrouwen in de loop der tijd veranderd?

7. Wat is de droom van de auteur?

8. Waar is de vriend van de schrijver van plan heen te reizen?

9. Waarom aarzelde de schrijfster om de huwelijksceremonie van haar vriendin bij te wonen?